Vorwort

Liebe Leser!

Vorerst möchte ich Ihnen für den Erwerb dieses Buches recht herzlich gratulieren.

Seit über 20 Jahren beschäftige ich mich bereits intensiv mit den wichtigsten Fragen des Lebens:

- Wer bin ich wirklich? Meine Gedanken, meine Gefühle? Oder etwas anderes?
- Was kann ich mitnehmen, wenn ich sterbe?
- Woher komme ich? Warum bin ich da? Wohin werde ich gehen? Und nicht nur ich allein, sondern wir alle? Ja auch Sie!
- Wann hat man die beste Zeit im Leben?
- Als Kind, wenn man abhängig von seinen Eltern und den Erwachsenen ist? Oder als Erwachsener, wenn man arbeiten muss, um sich und seine Familie zu ernähren? Oder wenn man alt ist, und man krank und gebrechlich wird?

Wahrheit kann man nicht kaufen, nicht in Form von Büchern, Seminaren, Ratschlägen oder Meinungen anderer. Es wäre zu einfach, alles auf einen Glauben abzuschütteln. Ein Glaube, ganz egal welcher, kann niemals wahres Wissen ersetzen.

Gewiss stellen die großen Religionen unserer Erde gute Werkzeuge und Hilfsmittel zur Verfügung um tiefe Erkenntnisse zu erlangen. Doch keine Religion kann einem die Suche nach der Wahrheit abnehmen.

Dieses Buch ist ein Praxisbuch. Ich habe daher bewusst verzichtet, hunderte Seiten zu schreiben, von denen Sie keinen direkten, persönlichen Nutzen haben. Die Übungen in diesem Buch genügen, um wahres Glück, grenzenloses, inneres Wohlbefinden und inneren Frieden und Heilung in vielen Lebensbereichen, sei es seelisch oder körperlich zu erlangen.

Ich fordere Sie nicht auf, das zu glauben, was in diesem Buch steht, sondern die darin beschriebenen Übungen zu machen. Zur Ausführung dieser Übungen ist absolut kein spiritueller Hintergrund und keine vorherige spirituelle Ausbildung erforderlich. Nicht das, was Sie glauben oder gelesen haben, verändert Ihr Leben, sondern das, was Sie direkt erfahren.

Der Schlüssel zum Erfolg Ihrer inneren Suche nach lautet üben, üben und nochmals üben. Täglich zehn bis zwanzig Minuten genügen.

In diesem Sinne wünsche ich Ihnen alles erdenklich Gute und Liebe auf dem Weg zu Ihrer mächtigsten Erfahrung in Ihrem Leben!

Mein Segen begleite Sie, Ihr

Leopoldseder Martin

Bibliografische Information der Deutschen Nationalbibliothek: Die Deutsche Nationalbibliothek verzeichnet diese Publikation in der Deutschen Nationalbibliografie, detaillierte bibliografische Daten sind im Internet über http://dnb.dnb.de abrufbar

© 2017 Martin Leopoldseder

Umschlaggestaltung: Martin Leopoldseder
www.leo-oma.at und
www.magicleo.at

Herstellung und Verlag:
BoD - Books on Demand, Norderstedt

ISBN: 978-3-7448-0197-3

Inhaltsverzeichnis

1 Meine Geschichte

Seit meiner Kindheit war ich auf der Suche nach dem Sinn des Lebens. Ich war schon immer ein gläubiger Mensch, jedoch führten mich normales Beten und normale Meditation nicht zur inneren Ruhe, Gelassenheit, Angstlosigkeit, und innerem Frieden.

Angst, innere Unruhe, Trauer, Mutlosigkeit, Selbstmitleid und Nervosität waren mein ständiger Begleiter. Ich konnte bei meinen Auftritten als Zauberkünstler keine Tischzauberei durchführen, da ich viel zu nervös war, um diese tolle Form der Kunst zu machen. Gerade bei Schicksalsschlägen, Krankheiten oder bei Verlust eines lieben Menschen fällt es uns oft schwer zu beten oder an etwas zu glauben. Ich dachte mir, es muss doch eine Möglichkeit geben, sich selbst, oder mit der Hilfe Gottes, sich positiv umzuprogrammieren und somit auf eine höhere, geistige Ebene zu kommen.

So machte ich mich auf die Suche meines Lebens. Ich las über hundert Bücher, sah viele Videos an, besuchte Seminare und Vorträge, probierte unzählige Gebete, Meditationstechniken, mentale Techniken und Übungen, um dem Geheimnis des wahren Glücks auf die Spur zu kommen. Erst seitdem ich diese spezielle Kombination aus Gebet und mentalen Techniken durchführe, weiß ich, was wahres Glück und innerer Frieden bedeutet.

Warum habe ich dieses Buch geschrieben?

Ich habe es in erster Linie für mich selber geschrieben. Es ist das Ergebnis aus über zwanzig Jahren praktischer Forschung. Als mein Großvater ins Altersheim kam, habe ich mich dazu entschlossen, dieses Buch der Öffentlichkeit zugänglich zu machen. Bei meinen vielen Besuchen im Altersheim habe ich festgestellt, dass viele Menschen am Ende ihres Lebens verbittert und enttäuscht auf ihr Leben zurückblicken. Was kann man selber noch Konstruktives machen, wenn man alt und gebrechlich ist, und der einzige Besitz, den man noch hat, seine eigenen Gedanken sind?

Die Antwort lautet: Beten und Meditieren.

Eine Gebets- und Meditationstechnik, die Sie in diesem Buch kennen lernen werden, nenne ich einfacher halber „Leo Meditation". Dieses Buch soll für viele Menschen auf der Erde ein Segen sein, und auch SIE zu wahrem Glück und innerem Wohlbefinden führen, so wie ich es erfahren habe.

2 Einleitung

Jeder von uns hat seine eigenen Ansichten vom Glück. Wenn man nichts besitzt, ist die erste Vorstellung vom Glück, dass unsere Grundbedürfnisse erfüllt sind. Wasser, Nahrungsmittel, Kleidung, eine Wohnung oder ein Haus. Sobald diese Grundbedürfnisse erfüllt und selbstverständlich für uns sind, wollen wir mehr, weitere Wünsche werden geweckt. Wir suchen nach einer Arbeit und machen verschiedene Kurse, um möglichst viel Geld zu verdienen, machen Urlaube in der ganzen Welt, sparen und rackern uns ab für ein neues Auto. Unsere Wünsche wachsen unermüdlich. Woran wir uns gewöhnen, macht es uns schon nach kurzer Zeit, sobald wir es erhalten haben, nicht mehr glücklich, auch wenn es noch so begehrenswert war, bevor wir es besaßen.

Aber auch nicht materielle Werte wie Freundschaften, Spaß bei der Arbeit, eine Partnerschaft, und Kinder bringen innere Zufriedenheit. Doch auch dann, falls wir uns dies alles erfüllen können, sind wir nie auf lange Zeit damit glücklich.

In den schönen Augenblicken unseres Lebens verspüren wir ein Glücksgefühl über unsere erreichten Ziele. Einen Augenblick später sind wir wieder im Rad des Wünschens und der Unzufriedenheit angelangt.

Verlieren wir eines oder gleich mehrere unserer „Glücksobjekte"- werden krank, arbeitslos, eine Beziehung zerbricht, ein finanzieller Verlust - denken wir traurig daran, welches Glück wir doch hatten.

Kann es sein, dass wir erkennen, dass alles hier auf Erden nur vorübergehend ist? Doch meist verdrängen wir diesen Gedanken und überdecken ihn mit neuen Wünschen und Sehnsüchten unseres Verstandes.

Hinzu kommt die Manipulation der Medien. Werbung und Marketing spezialisiert sich direkt auf die menschlichen Eigenschaften wie Habsucht und dem Vergleichen mit anderen Menschen. Lebens- und Sterbeversicherungen sind dazu angetan, die Wahrheit der Vergänglichkeit unseres Lebens zu verschleiern und Sicherheit vorzugaukeln. Ein alter Mensch, der glaubt, sein einziges Glück sind seine Enkelkinder, wird ebenso schmerzlich enttäuscht sein, wenn diese wegen Freunde und Schule weniger Zeit mit ihm verbringen, wie ein Unternehmer, bei dem sein Lebensinhalt seine Firma war, und zusehen muss, wie eine wirtschaftliche Krise, oder die mangelnde Führungsqualität seines Nachfolgers seinen Besitz vernichtet. Alles um uns herum unterliegt dem Faktor Zeit. Menschen, die wir von Herzen lieben, können sterben oder neue Wege gehen, die für ihr seelisches Wachstum nötig sind. Sie sind in Wirklichkeit nur Wegbegleiter auf dem Weg zu uns selbst. Häuser und Wohnungen werden renovierungsbedürftig, Kleider kommen aus der Mode, Autos fangen an zu rosten, Werte und Glaubensstrukturen in unserer Gesellschaft zerfallen. Und wenn wir Glück empfinden, jemanden bei einer sozialen Tätigkeit zu helfen, zu pflegen oder zu unterstützen, sind wir dann nicht schlussendlich abhängig vom Unglück unserer Mitmenschen?

Betrachten wir den Kreislauf der Natur, so sieht man ein ständiges Werden und Vergehen. Überall in unserem Leben sind wir umgeben von den strengen Gesetzmäßigkeiten der Natur - fressen und gefressen werden. Das Elend des Schwächeren. Die Hartherzigkeit des Stärkeren. Das Küken, das mühevoll aus dem Ei kriecht und im nächsten Augenblick wird es von einem Fuchs gefressen. Der kranke Vogel, der von den anderen ausgestoßen wird und einsam verenden muss. Da gibt es kein Mitgefühl, keine Barmherzigkeit, keinen Ausweg.

Ein ständiges geboren werden und sterben. Jeder Mensch geht diesen Weg. Nur der Zeitpunkt und das Wie unterscheiden sich. Gibt es hinter dem Ganzen einen verborgenen Sinn, einen Plan? Wenn ja, wer hatte ihn entworfen? Das Schicksal, Gott?

Jeder Mensch, der glaubt das Glück in äußeren Umständen zu finden, wird zwangsläufig versagen. Denn dieses Glück ist nicht ewig, es ist immer abhängig von Dingen und Umständen.

Eine Ehe droht zu scheitern, wo war die große Liebe geblieben, das Glück? Ein Arbeitsplatz geht verloren, Geldsorgen belasten uns. Krankheit, Streit, Ungewissheit- all die kleinen und großen Ängste belasten und beunruhigen uns. Gesicherte Arbeitsplätze, Gewinne, Ansehen, eine tolle Beziehung, man glaubt es sei zum Greifen nah und kann doch mit einem Anruf, einem Schreiben zunichte gemacht werden.

Ob der Partner, den wir an unserer Seite wollen, uns wirklich glücklich macht, und das auch noch in einem oder in zehn Jahren? Ob die Firma, in der wir gerne arbeiten, auch noch in drei Jahren existiert? Wir können es nicht wissen.

Wahrheit kann man nicht kaufen, nicht in Form von Büchern, Seminaren oder Meinungen anderer. (vgl. Master Han Shan (2011), S.13)

Bei täglicher Anwendung der Übungen in diesem Buch verwandeln Sie sich in einen heiteren und unbeschwerten Menschen.

Dieses Buch wird Ihr Leben nicht über Nacht verändern. Doch wenn Sie bereit sind, jeden Tag ein wenig Zeit zu investieren, dann stellen Sie bald fest, dass Wunder nicht nur möglich, sondern auch in großem Überfluss vorhanden sind.

Legen wir los…

PRAXISTIPP:

Täglich ein paar Seiten in diesem Buch lesen und die Tipps umsetzen.

3 Das wahre Ziel jedes Menschen

Wir leben in einer Welt der Polarität, also der Gegensätze. Sie kennen vielleicht solche Vexierbilder, wo man zwei Sachen gleichzeitig sieht. Die Bilder enthalten zwei Bilder auf einmal. Das Interessante daran ist, dass die meisten Menschen nur ein Bild davon wahrnehmen. Somit spalten Sie die Ganzheit und Vollkommenheit auf. Beide Bilder gleichzeitig sehen Sie jedoch nicht. Sie sind nicht in der Lage das Bild in seiner Vollkommenheit wahrzunehmen.

Sie sind ver-zwei-felt. Sie müssen sich ent-scheiden. Sie teilen die Vollkommenheit in zwei Teile. Das ist übrigens das, was die Bibel als Sünde meint. Sünde ist die Unfähigkeit, die Ganzheit/Vollkommenheit wahrzunehmen. Wenn Sie behaupten, es gibt nur die schönen und positiven Seiten im Leben, sagen Sie somit nein zu den negativen und schlechten Seiten auf Erden. Sie richten, und das sollten Sie auf keinen Fall tun.

Streng biblisch gesehen leugnen Sie einen Teil der Schöpfung, und das sollten Sie auf keinen Fall tun.

Das Paradies, der Himmel, steht als Symbol für das Ganze. Bei Adam und Eva kam eine Schlange daher, diese ist bereits ein Symbol für Dualität, wegen ihrer gespaltenen Zunge. (Ackermann, A. (2006), S. 88)

Als wir auf die Erde kamen, sind die Menschen aus der Einheit herausgefallen, hinein in die Welt der Polarität.

Durch ihren freien Willen fühlten sich die Menschen getrennt von der göttlichen Kraft und nannten Sie Gott. Sie fühlten sich als Geschöpfe Gottes und fingen an, die eine Kraft als etwas von ihnen getrenntes zu verehren, bauten ihr eigene Häuser und nannten diese Kirchen.

Manche Menschen gaben Gott eine ganz besondere Form, und so entstanden die Religionen. Aber alle glaubten, dass sie den richtigen Gott verehrten und nannten die anderen Ungläubige. Sie fühlten sich als Auserwählte und blickten auf die anderen herab. Sie führten Kriege, um diese zum wahren Glauben zu bekehren. Solange wir oben und unten, Gut und Böse, ungöttlich, gläubig und ungläubig voneinander spalten, leben wir in einer polaren Welt von Himmel und Hölle. Wenn wir jedoch die Wahrheit in uns selbst suchen, dann entdecken wir, dass es Ebenen des Bewusstseins gibt, die in jeder Ebene enthalten sind und jede Ebene ein Stückchen Wahrheit enthält. (Tepperwein, K. (2009), S.19)

In der reinen Wahrheit gibt es nur das Göttliche, das Vollkommene und keinerlei Täuschung. In vielen Religionen wird diese Ebene „siebter Himmel genannt. Dieser ist kein physischer Ort, sondern ein Bewusstseinszustand, indem nur noch das höchste Bewusstsein lebt. Bei ihrem Abstieg in die dichteren Ebenen umgab sich die Seele jeweils mit einem Körper, bestehend aus dem Stoff, der auf dieser Ebene vorherrschend ist, so wie wir beispielsweise verschiedene Kleider überziehen, wenn wir im Winter ins Freie gehen. (Tepperwein, K. (2009), S.19)

Unser Ziel ist es, wieder in diese Einheit zu kommen, die beiden Pole wieder zu vereinen. Genau das ist das Ziel der Ziele. Alles, was Sie in Ihrem Leben tun, tun Sie unbewusst, um genau dorthin zu kommen. Sie können jederzeit ins Paradies gehen, der Weg geht über Achtsamkeit, richtiges Beten und Meditation

Für uns ist wichtig:

1. ALLES hat mindestens zwei Seiten
2. Das Ziel der Ziele ist immer die Einheit, ganz im Hier und Jetzt zu sein.

Gut und schlecht sind zwei Seiten der Wirklichkeit, die einander bedingen. Dahinter liegt das wahre Glück, es liegt in uns, nicht im Außen.

Es kennt kein gut oder schlecht, denn beides ist loszulassen, in dem Wissen, dass dies nur Urteile des Verstandes sind - Gedanken und Gefühle, die das wirkliche ICH, das wahre Glück überlagern.

Laufe nicht der Vergangenheit nach, und verliere dich nicht in der Zukunft. Die Vergangenheit ist nicht mehr. Die Zukunft ist noch nicht gekommen. Das Leben ist hier und jetzt.
(Buddha).

Es gibt eine Vollkommenheit tief inmitten aller Unzulänglichkeiten.
Es gibt eine Stille, tief inmitten aller Ratlosigkeit.
Es gibt ein Ziel, tief inmitten aller weltlichen Sorgen und Nöte.
Es gibt nur eine Zeit, in der es wesentlich ist aufzuwachen.
Diese Zeit ist jetzt.
(Buddha).

Es kamen einmal ein paar Suchende zu einem alten Zen Meister.
"Herr", fragten sie "was tust du, um glücklich und zufrieden zu sein? Wir wären auch gerne so glücklich wie du." Der Alte antwortete mit mildem Lächeln: "Wenn ich liege, dann liege ich. Wenn ich aufstehe, dann stehe ich auf. Wenn ich gehe, dann gehe ich und wenn ich esse, dann esse ich."

Die Fragenden schauten etwas betreten in die Runde. Einer platzte heraus: "Bitte, treibe keinen Spott mit uns. Was du sagst, tun wir auch. Wir schlafen, essen und gehen. Aber wir sind nicht glücklich. Was ist also dein Geheimnis?"

Es kam die gleiche Antwort: "Wenn ich liege, dann liege ich. Wenn ich aufstehe, dann stehe ich auf. Wenn ich gehe, dann gehe ich und wenn ich esse, dann esse ich." Die Unruhe und den Unmut der Suchenden spürend fügte der Meister nach einer Weile hinzu: "Sicher liegt auch Ihr und Ihr geht auch und Ihr esst. Aber während Ihr liegt, denkt Ihr schon ans Aufstehen. Während Ihr aufsteht, überlegt Ihr wohin Ihr geht und während Ihr geht, fragt Ihr Euch, was Ihr essen werdet. So sind Eure Gedanken ständig woanders und nicht da, wo Ihr gerade seid. In dem Schnittpunkt zwischen Vergangenheit und Zukunft findet das eigentliche Leben statt. Lasst Euch auf diesen nicht messbaren Augenblick ganz ein und Ihr habt die Chance, wirklich glücklich und zufrieden zu sein." (Rahmanian, S. (o.J) - Online-Ressource)

4 Eine Anleitung zum Unglücklich sein

Beginnen wir das Kapitel mit einer Anleitung zum Unglücklich sein...

So fühlen Sie sich sofort unglücklich:

1. Leben in der Zukunft oder in der Vergangenheit

Je weiter weg Sie vom Heute in der Zukunft leben, desto unsicherer wird Ihr Leben. Um sich unglücklich zu machen, müssen Sie also lediglich möglichst weit in der Zukunft leben. (vgl. Egli, R. (2001), S. 19) Überlegen Sie sich möglichst im Detail, was alles passieren könnte. Lesen Sie möglichst viele Bücher von Crash-Propheten, Verschwörungstheoretikern und sehen Sie sich im Internet dessen Videoanalysen an. Das Beachten genau dieser negativen Medien, hat mir in meinen jungen Jahren, sehr viel Lebensenergie, sowie einen großen Teil meines mühsam erarbeiteten und ersparten Geldes gekostet. Schließen Sie möglichst viele Versicherungen ab, damit- sollte etwas vorfallen- Ihnen nichts passieren kann.

Gehen Sie zu Wahrsagern und Hellsehern und lassen Sie sich Ihre Zukunft vorhersagen, damit Sie für alle Fälle gewappnet sind. Wenn Sie dass alles tun, kann Ihnen nichts mehr geschehen, oder doch? Kann es sein, dass Sie infolge der pausenlosen Beschäftigung mit der Zukunft keine Zeit mehr haben, jetzt zu arbeiten und zu leben? Haben Sie vielleicht das Leben total verpasst, weil sich das Leben nicht in der Zukunft abspielt, sondern jetzt, im hier und heute. Gestern ist unwiederbringlich vorbei, vollkommen tot. Das Gestern haben Sie nicht mehr unter Ihrer Kontrolle. Es lebt nur in Ihrer Erinnerung. Was vorbei ist, können Sie nicht ändern. Grübeln über Vergangenes ist Gift für das Wohlbefinden. Was hinter Ihnen liegt, gehört dem Tod.

Die Türe zum Gestern ist für immer zu. Alles Geld und Gold dieser Welt ist nicht in der Lage diese Türe wieder zu öffnen.

Viele Menschen sind wahre Meister im Sorgen machen. Nacht für Nacht wälzen sie sich schlaflos im Bett und grübeln darüber nach, warum sie dieses gesagt oder jenes getan haben. Hätte ich dies oder jenes so gemacht, hätte ich doch einen anderen Beruf erlernt, einen anderen Partner geheiratet. Tatsache ist, sie können die Vergangenheit jetzt nicht mehr ändern. Ganz gleich, ob sie schön oder schlecht war. Sie binden nur unnötige Energie an die Gedanken der Vergangenheit.

PRAXISTIPP:

Viele Menschen haben ein besonderes Talent darin, ungünstige Geschehnisse aus der Vergangenheit immer wieder aufzuwärmen und erneut zu durchleben. Das macht sie schlapp, krank, müde, usw.… und so ziehen sie ähnliche Situationen wieder in ihr Leben.

Es ist leichter, das Unangenehme nicht zu beachten. Das bedeutet, dass ich, sobald ich an Unangenehmes aus der Vergangenheit oder Zukunft denke, ersetze ich die gedankliche Situation durch :„Mein Ego denkt" solange, bis der negative Gedanke verschwunden ist.

„Wasser, das schon vorbeigeflossen ist, treibt die Mühle nicht". (Sprichwort)

Dasselbe gilt für die Zukunft…

2. Zukunft loslassen

Morgen ist noch nicht geboren. Morgen ist der Tag, der dem Heute folgt. Das Morgen haben Sie nicht unter sofortiger Kontrolle. Ihre Zukunft bringt Ihnen das, was für Ihr geistiges Wachstum das Beste ist. Ihre Sorgen sind daher unbegründet. Jesus sagte schon: "Wer von euch kann durch Sorgen sein Leben auch nur um einen Tag verlängern?" Vielleicht kennen Sie die alte Geschichte: *"Über den Eingang eines Gasthauses hängt ein Schild: Morgen gibt es Freibier – und wenn Sie nächsten Morgen wieder vorbeikommen, bleiben Sie weiterhin durstig, bis Ihre Lebenssanduhr abgelaufen ist."*

Wie viele Dinge können Sie tatsächlich vorausplanen oder genau vorhersehen? Falls Sie mit Ihrem Auto in den Urlaub fahren, können Sie den Weg und die Zeit planen. Was später auf Ihrem Weg wirklich passiert, was Sie in Ihrem Hotel erwartet, liegt nicht in Ihrer Hand. Diese Tür ist noch verschlossen. Sie können nur wünschen, hoffen, erwarten. Den morgigen Tag können Sie nicht einsehen.

Wünsche wecken Erwartungen. Erwartungen richten sich an eine Scheinzukunft, die so nicht oder nur selten eintreffen wird.

3. Abschieben von Verantwortung - Opferbewusstsein

Das Thema Verantwortung gibt Ihnen gute Möglichkeiten, sich sehr schnell unglücklich zu fühlen. Sie brauchen einfach nur überall die Verantwortung für Ihre momentane Lebenssituation abschieben. Übernehmen Sie auf keinen Fall die Verantwortung über Ihr Leben. Immer sind andere Verantwortlich: Die Regierung, der Arbeitgeber, die Zentralbank, Ihre Kindheit, die Arbeitskollegen, das wirtschaftliche Umfeld, die Krise, ...

Übernehmen Sie auf keinen Fall die Verantwortung. Mit wenig Fantasie werden Sie sicherlich immer einen Schuldigen finden. Wenn es Ihnen nämlich gelingt, überall die Verantwortung abzuschieben, dann machen Sie sich zu einem hilflosen und schwachen Menschen. Wenn Sie die Verantwortung einen anderen zuschieben, so bedeutet dies, dass Sie einen anderen Menschen die Macht über Ihr Leben geben. Sie sind dann total fremdbestimmt und werden sicher ganz schnell unglücklich.

Selbsttest:

So erkennen Sie, ob Sie im Opferbewusstsein leben:

- Schlimme Kindheit
- Schlechte Erziehung meiner Eltern
- Augenblickliche Lage in der Familie
- Streit in der Partnerschaft
- Situation am Arbeitsplatz
- Politische Veränderungen
- Wirtschaftliche Ereignisse
- Finanzielle Schwierigkeiten
- Ungerechte Behandlung
- Unsichere Zeiten
- Unbeständiges Wetter
- Wenn ich klüger wäre
- Wenn ich gesünder wäre
- Wenn ich älter wäre
- Wenn ich jünger wäre
- Wenn ich nicht Frau und Kinder hätte
- Wenn ich einen anderen Chef hätte
- Wenn ich andere Mitarbeiter oder Kollegen hätte
- Wenn ich mehr Geld hätte
- Wenn ich einen Job hätte
- Wenn ich einen Partner hätte

- Wenn ich attraktiver wäre
- Wenn ich früher angefangen hätte
- Wenn ich Beziehungen hätte
- Wenn ich in der Pension wäre
- Jemand oder etwas sollte so sein/sich verhalten (z.B.: mein Partner sollte freundlicher, das Leben leichter sein
- Alle Gedanken, die jemand oder etwas für den eigenen Zustand verantwortlich machen
- Die Finanzkrise ist schuld daran
- Meine Eltern sind schuld daran
- Mein Nachbar ist bösartig
- Mein Arbeitskollege ist ein Idiot

Machen Sie sich frei von dem Gedanken, dass die Welt erst eines fernen Tages vollkommen sein wird. Sie ist es jetzt. Trennen Sie sich von der Einstellung, andere Menschen oder Ihre augenblickliche Situation für Ihr Leben verantwortlich zu machen.

4. Vergleichen

Auch ständiges Vergleichen kann Sie schnell unglücklich machen. Vergleichen Sie sich einfach mit Menschen, die mehr Geld haben als Sie, die eine schönere und größere Wohnung oder ein größeres Haus haben als Sie, die mehr Glück haben, besser aussehen und gesünder sind als Sie. Denken Sie daran, es wird immer jemanden geben, der schöner, reicher und wohlhabender ist als Sie. Es gibt jedoch Millionen anderer Menschen auf der Welt, die sofort mit Ihnen alles tauschen würden, egal in welcher Situation Sie sich momentan befinden.

5 Heute ist mein bester Tag

Heute ist der einzige Tag in der gegenwärtigen Zeit.

Es gibt keine Vergangenheit, lediglich die Erinnerung daran. Es gibt auch keine Zukunft, nur Spekulationen darüber. Es gibt nur eine Wirklichkeit, den gegenwärtigen Augenblick. Alles andere ist Illusion und Spielerei unseres Verstandes. HEUTE ist der wichtigste Tag in Ihrem Leben, nur heute können Sie etwas tun für Ihren beruflichen Erfolg, für Ihre Gesundheit, Partnerschaft ...

Seien Sie sich darüber im Klaren, dass Ihnen das Leben nur diesen einen einzigen Tag schenkt.

In Wirklichkeit ist es nicht einmal ein ganzer Tag, keine volle Stunde, nicht eine Minute, sondern nur diese einzige Sekunde. Dieser eine Herzschlag und dieser eine Atemzug bestimmt Ihr Leben. Diese eine Atmung ist Ihr Da-SEIN. Diesen einen Satz, den Sie in diesem Moment lesen, ist Ihre Gegenwart und gleichzeitig schon Ihre Vergangenheit. Sie brauchen sich keine Sorgen um Ihre Partnerschaft zu machen. Nehmen Sie Ihren Partner heute mal mehr in den Arm als sonst. Machen Sie ihm ein besonders liebes Kompliment, statt ihm morgen etwas zu schenken. Glauben Sie es ist sinnvoll, heute an Ihrem Arbeitsplatz zu sitzen und nichts zu tun, außer die Hände auf den Kopf zu legen und auf die Frage des Chefs „Was machen Sie den ganzen Tag „ mit bitterem Gesichtsausdruck zu antworten: „Ich mache mir Sorgen um meinen Arbeitsplatz". Er wird antworten: „Wenn Sie nicht bald etwas arbeiten haben Sie recht".

Das Himmelreich ist nahe...

„wenn ihr nicht so werdet wie die Kinder, werdet ihr nicht in das Himmelreich kommen, sprach schon Jesus (Matthäus 18,3).

Weiter sagte Jesus:

"Man kann auch nicht sagen: Seht, hier ist es! oder: Dort ist es! Denn: Das Reich Gottes ist schon mitten unter euch" (Lukas 17,21).

Es stellen sich dazu nun zwei Fragen:

1. **Wie sind denn die Kinder, und was ist eigentlich das Himmelreich**

Kinder spielen gerne. Und weshalb spielen die Kinder? Weil sie gerne spielen.

Sie denken beim Spielen nicht an die Vergangenheit, noch an die Zukunft. Sie leben im Hier und Jetzt. Wenn wir Erwachsene spielen, dann denken wir meistens an Vergangenheit oder Zukunft. Wir arbeiten, um Geld zu verdienen, um Ansehen zu bekommen...

Nicht so die Kinder. Sie spielen, weil sie Freude am Spielen haben. Stundenlang können kleine Kinder die Natur und die Tiere beobachten. Voller Faszination erleben sie die gleiche Situation wiederum neu. Auf größere Kinder trifft das heute meistens nicht mehr zu, da diese von Handy, Internet und Computerspielen geblendet sind.

2. Wo findet man das Himmelreich?

Das Himmelreich ist dort, wo es Überfluss und totale Sicherheit gibt, nämlich im Hier und Jetzt.

Leben im hier, jetzt und heute ist ein Leben ohne Vergleiche, kein Nachdenken über die Vergangenheit, kein Nachdenken über die Zukunft, kein Vergleichen oder Bewerten über jemand anderem. Jeder Moment ist, so wie er ist, in Ordnung, und das bedeutet: Er ist vollkommen. Eigentlich geht es im Leben immer um weglassen und nicht um hinzuzufügen. Wir müssen das weglassen, was uns vom Leben trennt. Das Leben ist hier und jetzt. Wenn wir aber nicht hier sind, sondern dort, und wenn wir nicht jetzt sind, sondern morgen, sind wir neben dem Leben. Das Leben ist nicht dort, sondern hier, das Leben ist nicht nächste Woche, sondern jetzt (vgl. Egli R. (2001), S. 57).

Ein weiteres, schönes Beispiel für Lebewesen, die in der Gegenwart leben, sind Vögel. Möglicherweise leben alle Tiere nach diesem Prinzip, aber bei diesen können wir es am besten beobachten. Vögel leben immer im Augenblick. Sie singen, weil der Frühling, der Sommer, der Herbst und der Winter kommt. Weil es ihnen gut geht. Und weil sie im Moment leben. Und wenn sie singen, dann singen sie und tun nichts anders dabei. Vögel leben in jedem einzelnen Moment. Und wenn man sie singen hört, fühlt man, dass sie wissen, was jeden Augenblick so unendlich kostbar macht: Seine Einzigartigkeit.

Jeder einzelne Moment kommt, geht und kommt nie wieder. Es mögen ähnliche Momente kommen, bessere oder schlechtere, lustigere oder traurigere, aber dieser eine, der vergangen ist, kommt nie wieder. Egal was wir noch einmal tun, es ist vielleicht das Gleiche, aber nie wieder dasselbe.

So ist es auch nicht verwunderlich, dass Menschen immer versuchen, die unwiederbringlichen Augenblicke festzuhalten. Eine Untersuchung, was Menschen, die aus einem brennenden Haus flüchten müssen, alles mitnehmen, brachte ein auf den ersten Blick erstaunliches Ergebnis. Gleich nach den Dokumenten hatten die Menschen ihre Fotos in Sicherheit gebracht. Erst danach folgten alle anderen Sachen. Worin, fragt man sich, liegt der große Wert einer Fotografie? In ihrer offensichtlichen Unwiederbringlichkeit. Nichts dokumentiert die Vergänglichkeit des Fotos so stark wie ein Foto. (vgl. Wessbecher H. (2008), S.238).

DIE EINZIGE REALITÄT IST HIER UND JETZT, alles andere ist Illusion. Im Hier und Jetzt ist totale Sicherheit.

Wenn Sie ein Maximum an Potential leben wollen, dann gibt es nur eines, Leben im Hier und Jetzt. Ihr gegenwärtiger Zustand spielt keine Rolle, wie arm oder reich Sie sind, wie alt Sie sind, nur eines zählt, Leben im Hier und Jetzt. Hier und jetzt ist das Paradies, hier und jetzt ist die Ewigkeit, weil im Hier und Jetzt die Zeit aufgehoben ist. Sie fragen sich jetzt vielleicht, ob man jetzt nicht mehr planen und sich Ziele setzen soll? Sicherlich sollen Sie planen und sich Ziele setzen. Diese Einstellung kann man etwa so beschreiben: Wenn ich z.B. koche, dann mache ich dies vollkommen, wenn ich mit dem Auto fahre, fahre ich mit allen Sinnen mit dem Auto, und denke dabei nicht z.B.: an das Mittagessen, wie es meinem kranken Nachbarn so geht, wie das Wetter morgen wird ...

Machen Sie das, was Sie machen, vollkommen. Verschmelzen Sie in Ihrem Tun. Werden Sie eins mit Ihren Taten. Vertiefen Sie sich in Ihre Tätigkeit.

Nun, aus eigener Erfahrung weiß ich, dass das ist leichter gesagt als getan. Wie gelangt man ins heute? An diesem Ort, der uns schon unser ganzes Leben begleitet?

Ich lüfte Ihnen jetzt das Geheimnis: Ins HEUTE gelangen Sie durch Achtsamkeit, Meditation oder Gebet. Achtsamkeit ist der geheime Schlüssel, der das Schloss zu wahrem inneren Glück öffnet.

Doch bevor ich Ihnen den Schlüssel in die Hand gebe, überprüfen Sie mal, ob Sie schon in der Wirklichkeit leben:

Der Selbsttest:

Leben Sie bereits in der Wirklichkeit, im Paradies?

Sie werden sich sicherlich an den Beginn des heutigen Tages erinnern. Aber obwohl diese Erinnerung noch lebendig ist, ist sie vermutlich sehr lückenhaft, sobald Sie versuchen, sich an die Details zu erinnern. Erinnern Sie sich an den Beginn des heutigen Tages, und zwar in allen Einzelheiten:

Es beginnt mit dem Aufwachen. Was war das Erste, an das Sie gedacht haben? Was war Ihre erste Bewegung? Denken Sie jede Einzelheit deutlich durch. Lassen Sie den Film der Erinnerung wie in Zeitlupe laufen. Machen Sie sich jedes Detail bewusst, bis sie aufstehen:

- Mit welchem Fuß stiegen Sie zuerst aus dem Bett?
- Wie sind Sie aufs WC oder ins Bad gegangen?
- Was machten Sie dort zuerst?
- Wie viel Zahncreme gaben Sie auf die Zahnbürste?
- Wie war die Creme geformt?
- Wie schmeckt Ihre Zahncreme?
- Welche Bewegungen machten Sie mit Ihren Händen beim Zähne putzen?
- Putzten Sie zuerst von links nach rechts oder von oben nach unten?
- Wie oft machten Sie die Bewegungen?
- Sind sie heute Morgen schon jemanden begegnet? Wie war er bekleidet?

- Haben Sie heute schon Radio gehört oder fern gesehen? Was waren die ersten Worte des Moderators
  nach dem Einschalten?
- Welche Kleidung hatte Ihr Lieblingsschauspieler im
  Fernsehen?

Sie merken schon, sehr schnell ist die Erinnerung überfordert, da unser Verstand viele Einzelheiten nicht für merkwürdig hält und deshalb sie nicht abrufbereit sind. (vgl. Tepperwein, K. (2009), S.85).

6 Achtsamkeit – Vollkommenheit

Da Sie vermutlich den Selbsttest nicht zu 100 Prozent bestanden haben, überreiche ich Ihnen hiermit den Schlüssel, nämlich den Schlüssel zur ACHTSAMKEIT

Zur Einstimmung zwei Geschichten...

1. Die Prüfung

Ein Mann, der Erleuchtung erlebt hatte, aber dieses Bewusstsein nicht lange halten konnte, fragte einen Meister: Wie kann ich ständig im höchsten Bewusstsein bleiben?

Der Meister antwortete: Ich kenne jemanden, der ständig im höchsten Bewusstsein ist. Es handelt sich um einen König, der im fernen Land wohnt. Gehe hin und frage ihn, ober er dir sein Geheimnis verrät. Der Mann machte sich auf den Weg. Es war eine mühsame und lange Reise. Endlich erreichte er das ferne Land und gelangte zu dem König, dem er sein Anliegen vortrug. Der König lächelte und sagte: Ich verrate dir gern mein Geheimnis. Aber vorher musst du eine Prüfung bestehen, weil ich sicher sein muss, dass du würdig bist, dieses Geheimnis zu erfahren. Trage eine Schüssel, die bis zum Rand mit Wasser gefüllt ist, auf deinem Kopf um den Palast herum. Hinter dir geht mein Scharfrichter mit gezogenem Schwert. Wenn du nur einen einzigen Tropfen verschüttest, schlägt er dir den Kopf ab. Du kannst diese Prüfung ablehnen, aber dann kann ich dir dieses Geheimnis nicht verraten. Der Mann war entschlossen und antwortete. Und wenn es mein Leben kosten sollte, es ist den Preis wert.

Er ging vor den Palast, erhielt die mit Wasser gefüllte Schüssel und machte sich auf den Weg. Konzentriert setzte er einen Schritt vor den anderen. Hinter sich hörte er den Schritt des Scharfrichters.

Er wusste, ein einziger Fehler, und sein Leben war beendet. In höchster Konzentration gelang es ihm, die gestellte Aufgabe zu meistern. Er wurde zum König geführt. Dieser sagte: Ich will dir jetzt das Geheimnis verraten aber du kennst es bereits: Genau wie du soeben gehe ich bei allem, was ich tue in höchster Konzentration einen Schritt nach dem anderen. Den Moment akzeptieren, ohne ihn zu beurteilen. Ihn nicht mit der Vergangenheit und auch nicht mit der Zukunft zu vergleichen. Jetzt leben und den speziellen Moment als einen wunderbaren, kostbaren vergänglichen Teil des Lebens zu betrachten. (Einecke, D. (o.J) - Online-Ressource)

2. Das Schachspiel

Ein junger Mann, der eine bittere Enttäuschung in seinem Leben erlitten hatte, begab sich zu einem entlegenen Kloster und sagte zum Abt: "Ich bin vom Leben enttäuscht und möchte die Erleuchtung erlangen, um von diesen Leiden befreit zu sein. Aber ich habe keine Begabung, etwas lange durchzuhalten. Ich konnte niemals lange Jahre der Meditation und der Studien und strengen Lebensführung durchmachen, ich würde wieder in die Welt zurückgezogen werden, obwohl ich weiß, wie schmerzlich das ist. Gibt es einen kurzen Weg für Leute wie mich?" "Es gibt einen", sagte der Abt, "wenn du wirklich entschlossen bist. Sage mir, was hast du studiert, worauf hast du dich in deinem Leben am meisten konzentriert?" "Hm, auf nichts so richtig. Wir waren reich, und ich brauchte nicht zu arbeiten. Ich glaube, was mich wirklich interessierte, war das Schachspiel. Damit verbrachte ich die meiste Zeit."

Der Abt dachte einen Moment nach und sagte dann zu seinem Assistenten: "Hole den Mönch soundso, und er soll ein Schachbrett und Figuren mitbringen." Der Mönch kam mit dem Brett, und der Abt stellte die Figuren auf. Dann ließ er sein Schwert bringen und zeigte es den beiden.

„O Mönch", sagte er, "du hast mir als deinem Abt Gehorsam gelobt, und nun fordere ich ihn von dir.

Du wirst mit diesem jungen Mann eine Partie Schach spielen, und wenn du verlierst, werde ich dir mit diesem Schwert den Kopf abschlagen. Doch ich verspreche, dass du im Paradies wiedergeboren werden wirst. Wenn du gewinnst, werde ich diesem Mann den Kopf abschlagen, denn Schach ist das einzige, wobei er sich jemals wirklich angestrengt hat, und wenn er verliert, verdient auch er den Verlust seines Kopfes." Sie sahen dem Abt ins Gesicht und verstanden, dass es ihm ernst war. Dem Verlierer würde er den Kopf abschlagen.

Sie begannen das Spiel. Bei den Eröffnungszügen spürte der junge Mann, wie ihm der Schweiß bis zu den Fersen hinunter tropfte, als er um sein Leben spielte. Das Schachbrett wurde zur ganzen Welt; er war völlig darauf konzentriert. Zuerst war es eher schlecht um ihn bestellt, doch dann machte der andere einen schlechten Zug, und er ergriff die Gelegenheit, einen starken Angriff zu starten. Wie die Stellung seines Gegners zerbröckelte, sah er ihn verstohlen an. Er sah ein Gesicht aus Intelligenz und Aufrichtigkeit, geprägt von Jahren strengen Lebens und Bemühens. Er dachte an sein eigenes wertloses Leben, und ihn überkam eine Welle des Mitgefühls. Absichtlich beging er einen Fehler und dann noch einen, die seine Stellung ruinierten und ihn seiner Verteidigung beraubten.

Plötzlich beugte sich der Abt vor und stieß das Brett um. Die beiden Gegenspieler waren verstört. "Hier gibt es keinen Gewinner und keinen Verlierer", sagte der Abt langsam, "hier kann kein Kopf fallen. Nur zwei Dinge sind erforderlich", und er wandte sich an den jungen Mann, " völlige Konzentration und Mitgefühl. Du hast heute beides gelernt. Du warst völlig auf das Spiel konzentriert und konntest doch Mitgefühl empfinden und warst bereit, dein Leben zu opfern.

Bleibe nun einige Monate hier und verfolge unsere Ausbildung in diesem Geiste, dann ist dir die Erleuchtung gewiss." Er tat es und erlangte sie. (Kusunoki (2000-2002) - Online-Ressource)

Freie Aufmerksamkeit ist ein bewusstes und freiwilliges Ruhenlassen der Aufmerksamkeit auf einer Sache während Sie innerlich zentriert sind.

Wenn Sie Ihre Aufmerksamkeit ohne jede Absicht auf etwas richten, löst sich alles auf, was nicht stimmt.

Solange das kleine Ich, also unser Verstand, das Ego, anwesend ist, gibt es keine Achtsamkeit, Alles was hier passiert ist, dass der Verstand den Verstand beobachtet.

Achtsamkeit ist eine Fähigkeit des selbst mit folgenden Eigenschaften (Tepperwein, K.(2009), S. 321):

- Achtsamkeit ist ganzheitliche Wahrnehmung dessen, was ist.
- Achtsamkeit geschieht ohne Anstrengung und wird praktiziert, ohne dass man ermüdet.
- Achtsamkeit ist keine Handlung, sondern eine Haltung des seins.
- Achtsamkeit ist ganz auf das Hier und Jetzt ausgerichtet, kann aber jederzeit auf Vergangenheit oder Zukunft gerichtet werden.
- Achtsamkeit ist ein Zustand des ununterbrochenen Zeuge seins.
- Achtsamkeit ist der Beginn eines Entwicklungsprozesses, der irgendwann zum Erwachen- und zum Bewusstsein unserer wahren Natur führt, so wie eine Raupe zu einem Schmetterling wird.
- Achtsamkeit braucht weder ein Ich noch einen Körper, sie existiert als reines Zentrum des göttlichen Seins.

- Achtsamkeit ist absolut wertfrei; sie nimmt einfach nur wahr, was ist.
- Achtsamkeit ist wie ein Spiegel, lässt nichts weg, fügt nichts hinzu und bewertet nichts.
- Achtsamkeit will nichts haben, verändern oder tun.
- Achtsamkeit beendet die Illusion, jemand zu sein. Ich bin nicht dies oder jenes, ich bin!
- Achtsamkeit ist an keine religiöse Ausrichtung gebunden, sie ist weder buddhistisch, noch moslemisch, oder christlich.
- Achtsamkeit ist ein wesentlicher Teil unseres wahren Seins, unsere eigentliche Natur.

PRAXISTIPP:

Übungen, um ins Hier und Jetzt zu kommen:
- Körperkontakt zu einen anderen Menschen halten,
- Füße massieren
- Etwas scharfes, essen
- Im Fitnessstudio Hantel Training machen
- Joggen
- Entdecken Sie die Schönheit in den alltäglichen Dingen um Sie herum z.B.:
  Die Bäume schwingen bei einem Sturm, die Blätter wehen auf dem Boden, die Wellen peitschen ans Ufer. Blicken Sie in die Augen eines Babys. Wenn Sie das nächste Mal jemanden berühren, dann machen Sie sich bewusst, wie viele Menschen es gibt, die nicht in der Lage sind, ihre Arme zu gebrauchen um den, den sie lieben, zu berühren.
- Wenn Sie das nächste Mal einen Kaffee oder Tee zu sich nehmen, dann lassen sie diesen Geschmack langsam in Ihrem Mund entfalten.

- Kauen Sie bei Ihrem nächsten Essen einen Bissen 30-mal, dann spüren Sie, wie sich das Aroma Ihrer Mahlzeit richtig entfaltet.
- Ziehen Sie wieder mal Ihre Schuhe aus und laufen Sie barfuß über die Wiese.
- Einen Sonnenuntergang beobachten.
- Spaziergang
- Ein Hobby
- Wohltuendes Bad
- Wie riechen die Blüten eines Kirsch-oder Apfelbaumes?
- Nehmen Sie sich ein Glas Wasser. Wie riecht es, wie schmeckt es?
- Eine Oper oder Theater besuchen.
- In ein feines Restaurant essen gehen.
- An der Volkshochschule einen außergewöhnlichen Kurs belegen, z.B.: chinesisch oder russisch.
- Spüren Sie Ihre Hände. Spüren Sie Ihr Gefühl ganz bewusst in den Fingerspitzen. Fühlen Sie das Buch, das diese Finger halten.
- Blicken Sie in die Sterne und bewundern Sie das Firmament am Himmel.

Keine physische Farbe auf Erde ist so rein wie die Farben, die von den Sternen ausgehen. Sich Sterne mit offenen Augen anzusehen ist eine fantastische Erfahrung. Wir alle sind letztendlich nichts als Sternenstaub.

Blicken Sie jedoch nicht in die Sonne und in den Mond. Bei einem direkten Blick in die Sonne wird das Auge sofort unheilbar geschädigt. Hier nützt auch keine Sonnenbrille.

Auch in den Mond zu blicken ist schlecht für die Augen, da seine Helligkeit dem Auge ebenfalls schadet. Nur beim Sterne schauen gibt es keine Beschränkungen.

7 Dankbarkeit – das wirkungsvollste Gebet

DANKE ...für diesen guten Morgen, danke für diesen neuen Tag... Mit diesen Worten beginnt ein wunderschönes religiöses Lied. Der erste Gedanke am Morgen ist ein Danke!

Dankbarkeit in Kombination mit unseren Gefühlen ist das wirksamste Gebet auf Erden. Für die meisten Menschen ist Dankbarkeit ein Gefühl, das sie erleben, wenn sie etwas bekommen. Aber Dankbarkeit ist in Wahrheit viel mehr. Erlebte Dankbarkeit zieht emotional an, dass ich etwas empfange, das mein Leben bereichert und verschönert. Dankbarkeit ist nichts was man tun kann, sondern ein Bewusstseinszustand. Zwischen einer gelegentlichen Dankbarkeit und dem ständigen Dankbar SEIN ist ein großer Unterschied. Allein schon zu leben und diese Erfahrungen auf der Erde machen zu dürfen, ist ein Grund ständiger Dankbarkeit. Alles was einem im Leben geschieht ist ein Geschenk. Alles ist willkommen als Lernschritt für unser Leben. Dankbarkeit verändert nachhaltig, Ihr Unterbewusstsein und damit die Schöpferkraft in Ihrem Leben.

PRAXISTIPP:

Schreiben Sie täglich fünf Dinge auf, wofür Sie dankbar sind. Z.B.: Ich danke, dass mir heute der Kuchen so gut gelungen ist.

Ich danke, dass ich meine Hände bewegen kann, etc...

7.1 Wirksam beten

Ein Gebet dient unterstützend dazu, die Energie der Vollendung in uns zu erzeugen. Nicht das was wir tun, wirkt, sondern die dahinterstehende Energie, das GEFÜHL der Vollendung. Dazu ist ein schöpferischer Bewusstseinszustand notwendig. Das bedeutet, bereits in der Gnade zu sein, das Erbetene empfangen zu haben. Gnade ist nichts, das von einem anderem geduldet wird, sondern ein Zustand des Empfangens, den jeder, jederzeit hervorrufen kann. Ein Gebet ist nur wirksam, wenn das Erbetene im Gebet vollzogen wird und damit das Gebet während des Betens schon erhört ist.

Wenn Sie bei einem „Vater unser" beten: „Unser tägliches Brot gib uns heute". Stellen Sie sich geistig vor, und fühlen Sie dabei mit Dankbarkeit, dass Sie das Brot bekommen. Je stärker unser Bestreben, etwas Unerwünschtes ändern zu wollen, desto mehr stärken wir das Unerwünschte. Je intensiver wir das Erwünschte jedoch geistig in Besitz nehmen, desto schneller und leichter kann es sich manifestieren.

Zu danken ist das wirksamste Gebet, das letztendlich immer erhört wird und nie vergebens ist. Liebe in der Praxis einzusetzen ist Dankbarkeit allem und jedem gegenüber. Immer wenn Sie danken, bedanken Sie sich beim Leben, Ihrem göttlichem Bewusstsein und das wird sich sensationell auf Ihr Leben auswirken.

Sie können allem in Ihrem Leben Dankbarkeit entgegenbringen: Menschen, Maschinen Gebäuden. Der französische Nuklearphysiker Jean Emile Charon hat herausgefunden, dass ALLES mit allem kommuniziert, auch Menschen mit Maschinen.

Wenn Ihr Lebensziel die Freude sein soll, dann beginnen Sie damit, morgens aufzuwachen, zu lächeln, mit beiden Händen eine Faust zu machen und DANKE zu sagen und zu FÜHLEN.

Dankbar sein für….

- Alles schöne
- Auch für die Probleme

Sollte es Ihnen einmal schwer fallen, Dankbarkeit zu fühlen, gehen Sie wie folgt vor: Denken Sie an eine Erfahrung, für die Sie von Herzen dankbar sind. Im Idealfall sollte das Erlebnis in direktem Zusammenhang mit dem Thema sein, das Sie gerade beschäftigt. Wenn Sie etwa Ihre Beziehung verändern wollen, denken Sie an etwas, das Sie Ihrem Partner ehrlich dankbar sind. Wollen Sie gesund werden, danken Sie für die Bereiche, in denen Sie gesund sind und sich in Ihrem Körper wohlfühlen. Wollen Sie Ihren Erfolg optimieren, denken Sie an einen vergangenen Erfolg.

Fühlen Sie die Dankbarkeit mit allen Sinnen. Selbst wenn Sie nicht an Wunder glauben, seien Sie dankbar und Sie erleben das Wunder, das Dankbarkeit schafft. Und sollte einmal etwas Negatives geschehen, seien Sie auch für diese Situation dankbar, bleiben Sie in Ihrer Mitte und Ihrer Dankbarkeit und es wird sich wandeln.

PRAXISTIPP:

Stecken Sie jeden Morgen fünf Erbsen (oder ähnliches) in Ihre linke Hosentasche. Jedes Mal, wenn Sie für etwas dankbar sind geben Sie eine Erbse in die rechte Hosentasche. Sie werden jeden Abend alle fünf Erbsen in Ihrer rechten Hosentasche vorfinden.

7.2 In Dankbarkeit annehmen

Sie kennen die Situation: Sie sitzen mit Freunden im Café-Haus. Sie bezahlen die ganze Runde. Ihr Freund zu Ihrer linken sagt: Ich bezahle meinen Café selber.

Wir sind mitten in einer Situation was die meisten Menschen ganz genau kennen. Sie können nicht dankend annehmen. Sie denken vielleicht: Wenn er jetzt die ganze Runde bezahlt, muss ich das nächste Mal bezahlen und dann trinken und essen alle ganz viel. Oder Sie entwickeln ein Schuldgefühl, das schlimmste ist, wenn Sie sagen: „Das wäre aber nicht notwendig gewesen." Kommt Ihnen das bekannt vor?

Wie soll der andere loslassen können, wenn Sie nicht annehmen? Indem Sie nicht annehmen können, unterbrechen Sie den Energiekreislauf. Sie behindern sich und dem Geber in Ihrem Wachstum. Sie behindern das Leben; Leben heißt aber Wachstum. Warum haben Sie Schwierigkeiten mit dem annehmen? Wenn Sie nicht annehmen können, heißt das automatisch, dass Sie sich selbst nicht annehmen können, so wie Sie sind.

Wenn Sie Menschen antreffen, die lieblos und schlecht über andere reden, haben Sie es immer mit Leuten zu tun, die sich selbst nicht mögen, so wie sie sind, sind sie auch nicht nett zu sich selbst. Passiert es Ihnen manchmal, dass Sie zu jemanden nicht Nein sagen können? Sie sagen ja, wenn Sie Nein meinen? Indem Sie Ja sagen, sagen Sie aber Nein zu sich selbst.

Nein zu sich selbst sagen ist ganz schlecht für Ihr Bewusstsein. Wie sollen andere zu Ihnen und Ihren Ideen Ja sagen, wenn Sie es selbst nicht können? Lernen Sie nein zu sagen, wenn Sie nein meinen! (vgl. Ackermann, A. (2006), S.102)

Wenn Sie sich sorgen, aufregen oder unzufrieden sind, entscheiden Sie sich bewusst für das bessere Gefühl und seien Sie dankbar. Eine Stärke unseres Tagesbewusstseins ist es, dass wir zu jeder Zeit neu entscheiden können. Wir brauchen uns nicht von den Medien und äußeren Umständen verrückt machen lassen. JEDER von uns ist verantwortlich, welche Gedanken er zulässt. Denken Sie nach, wie Sie ständig eine Grundhaltung der Dankbarkeit einnehmen können.

Dankbarkeit ist eine Schwingung, mit der wir es nicht übertreiben können. Zeigen Sie Ihrem Partner, Partnerin, Freunden, Nachbarn oder Kunden eine Geste der Dankbarkeit, z.B.: Verschenken Sie kaum oder nicht gebrauchte Kleidung, auch wenn Sie sündteuer war. Dasselbe gilt für Bücher, Haushaltsgegenstände oder andere Dinge, die Ihnen nur Platz wegnehmen.

PRAXISTIPP:

Letztendlich bestimmen unsere Gefühle über unser Leben. Ein ständiges Gefühl der Dankbarkeit erzeugen Sie,

1. indem Sie sich an eine Situation erinnern, die wunderschön wahr,
2. das Gefühl dieser Situation ins jetzt übertragen
3. BEMUPO Training
4. Thymotraining

Du bist nicht auf der Erde um unglücklich zu sein. Doch Glück allein ist der innere Friede. Lerne ihn finden. Du kannst es. Überwinde dich selbst, und du wirst die Welt überwinden.

Buddha

8 Unsere Welt

und alles was uns umgibt, ist in Wirklichkeit schwingende, fließende Energie. Dabei macht es keinen Unterschied, ob es um handfeste rein materielle und körperliche Dinge geht oder um seelische, geistige oder spirituelle Sachen. Überall, wo Leben ist, fließen lebendige Kräfte in Form von energetischen Bahnen (vgl. Ackermann, A. (2006), S.34).

Energie kann sich nicht in nichts auflösen. Wo kommt sie vor der Geburt her, wo geht sie nach dem Tod hin? Das Wesentliche an uns, also unser menschliches Wesen, muss schon vor der Geburt dagewesen sein und muss nach dem körperlichen Tod in einer energetisch greifbaren Form weiterbestehen. Selbst wenn wir eine einfache Tatsache überprüfen, etwa unser Standpunkt in Raum und Zeit, ist das nicht leicht zu beantworten. Sie können sagen ich bin hier. Aber wo ist dieses hier? Sie werden sagen, in meinem Zimmer. Aber wo ist dieses Zimmer? In diesem Haus. Und wo ist dieses Haus? In einer Stadt, oder einem Ort, in einem Land, das auf der Erde ist. Die wiederum befindet sich im Sonnensystem und dieses in der Milchstraße. Die Milchstraße steckt in einer Ansammlung von Galaxien, die sich irgendwo im Universum befinden. Aber wo? Nicht einmal eine so einfache Frage können wir konkret beantworten. Oder die Frage nach der Zeit. Wie spät ist es? Es ist 15:00 Uhr nachmittags. Aber wann ist das wirklich genau? An einem bestimmten Tag, eines Monats eines Jahres, nach Christus. Aber dessen genaues Geburtsdatum ist sehr unsicher. Außerdem herrscht auf der Erde woanders eine andere Uhrzeit. Zeit kann nur in Bezug auf einen bestimmten Ort genannt werden. Wie hat alles begonnen? Wenn es eine Schöpfung gibt, dann gibt es auch einen Schöpfer.

Aber schöpfen können wir nur, was schon da ist. Wir sind Geschöpfe Gottes, also muss unsere Seele schon immer da gewesen sein.

Wenn also alles schwingende Energie ist, dann müssen wir versuchen, immer in einer guten Schwingungsebene zu sein. Was ist die höchste Schwingungsebene für uns Menschen? Ich verrate es Ihnen: Es ist die Schwingung der Liebe. Immer, wenn wir ein Gefühl der Liebe in uns tragen, sind wir verbunden mit der göttlichen Energie, unserem Energiefeld, dem göttlichen Sein, der Seele, unserem wahrem oder höherem Selbst. Wir ziehen positive Umstände, Glück und Harmonie an. Wer leidet, zieht gemäß dem Gesetz der Resonanz negative Erlebnisse und Situationen an.

Das Interessante dabei ist, Sie brauchen nicht jeden lieben, sondern nur sich selbst. Die Liebe, wie wir sie kennen, erzeugt immer Erwartungen. Unser Verstand erzeugt je nach unserem Wesen und unserer persönlichen Geschichte, gewisse Vorstellungen, die wir von der Liebe haben. Wir halten an einem Menschen fest und erwarten, die Liebe möge von ewiger Dauer sein. Doch was ist ewig? Was ist von Dauer in einer Welt, deren Gesetz die ständige Veränderung ist? Wo sich alles wandelt, schon in der nächsten Sekunde nicht mehr so ist wie zuvor? Ein Schwur für die Ewigkeit hat eine starke Wirkung auf unser Energiefeld, unserer Seele und tut unseren Wegbegleitern nicht gut. Wir hängen uns oft an die Objekte unserer Liebe, an Partner, Kinder, Freunde, Tiere, und sind hilflos und enttäuscht, wenn sie uns verlassen. Auch eine Wasserquelle erwartet nicht, dass das Wasser, das ihr entspringt, zu ihr zurückfließt. Sie lässt es strömen. Es ist nicht die Quelle selbst, die das Wasser erzeugt, es fließt einfach aus ihr. Liebe ist die Idee der Einheit und nicht die Idee von der Trennung. Wenn Sie sich getrennt fühlen vom Leben, vom Geld, vom Überfluss, dann erzeugen Sie einen Konflikt.

Dann kreieren Sie Probleme im Leben. Jede Idee der Trennung führt zu Konflikten und somit zur Blockade des Lebensflusses.

Leben Sie im Hier und Jetzt. Wenn Sie also nicht im Hier und Jetzt leben, haben Sie einen Konflikt und Leben in der Trennung, und jede Trennung ist in Wirklichkeit ein Mangel an Liebe.

- Je mehr Liebe im Leben eines Menschen, desto mehr Energie und desto größer ist unser Lebensfluss. Je größer die Widerstände im Leben eines Menschen, desto weniger fließt der Lebensfluss.
- Anders ausgedrückt: Je größer das Loslassen, desto kleiner wird der Konflikt.

Wenn Sie sich nicht selbst lieben, lieben Sie das Leben nicht. Als erstes müssen Sie lernen sich selbst lieben. Sich selbst zu lieben ist der wichtigste Punkt zum persönlichen Glück auf Erden. Lernen Sie, immer in der höchsten Schwingung zu sein, sich als erstes selbst zu lieben...

PRAXISTIPPS:

- Sagen Sie sich jeden Tag vor dem Frühstück ganz laut zu sich selbst: Ich liebe mich so wie ich bin. Und es geht mir mit jedem Tag immer besser und besser.
- Ziehen Sie sich etwas besonders schönes an, machen Sie einen langen Spaziergang unterm Sternenhimmel.
- Setzen Sie sich nieder. Schauen Sie sich selbst im Spiegel gut an. Blicken Sie sich selbst in die Augen. Lächeln Sie nur mit Ihren Augen. Seien Sie dankbar dafür, was Sie im Spiegel sehen. Während Sie in Ihre Augen sehen, suchen Sie nach etwas, das Sie an Ihren Augen bewundern- vielleicht die Form, die Farbe, die Tiefe, oder auch die Länge Ihrer Wimpern.

Legen Sie beide Hände auf die Brust und sagen zu sich selbst: Ich liebe dich, (Ihr Name)
Wiederholen Sie dies 5-mal. Nennen Sie dann einige Eigenschaften, die Sie gerne an sich mögen oder Dinge, die Sie besonders gut können. Zählen Sie viele Dinge auf, auch wenn es komisch klingen sollte. Sagen Sie zum Beispiel: Ich liebe an mir, dass ich die Disziplin habe, jeden Tag einen Apfel zu essen, und so jeden Tag meinem Körper etwas Gutes tue. Ich liebe es an mir, dass mir mein Apfelstrudel immer so gut gelingt...

- Wenn Sie Single sind, dann üben Sie sich darin, Dinge auf eigene Faust zu unternehmen, und somit Ihre Angst vorm Alleinsein zu überwinden. Zum Beispiel wenn Sie Angst davor haben, alleine in ein Restaurant essen zu gehen, dann gehen Sie alleine hin. Ihre Aufgabe ist es, die Freude in dieser Erfahrung zu finden.
- Immer wenn Ihnen etwas negatives widerfährt sagen Sie zu sich, ich liebe und achte mich, auch wenn... z.B
  ... ich meinen Arbeitskollegen für einen Idioten halte
  ... ich gerade einen schlimmen Fehler gemacht habe.
  ... ich jemanden beleidigt habe.

Lieben Sie sich, egal in welcher Situation Sie sich befinden.

Egal wie Ihre momentane Situation aussieht, Sie können nichts Besseres machen als Liebe zu senden. Senden Sie Liebe an Menschen Tieren, Gegenständen und Pflanzen. Liebe immer ohne Erwartungen senden.

Ich gestatte jedem Menschen so zu sein wie er ist.

Von Jesus Christus, dem die unbeliebten Zöllner lieber waren als die geachteten Pharisäer, können wir lernen, dass man die Menschen ungeachtet ihrer Fehler lieben kann. Liebe die sich einzig auf einen einzigen Menschen bezieht, ist ein starkes Gefühl, doch sie ist wie alle Gedanken und Gefühle begrenzt und abhängig vom Objekt unserer Liebe. Universelle Liebe schließt den ganzen Kosmos mit ein, alle Wesen, jeden Stein, jeden Stern. Sie ist die Schwingung der Liebe in unserem Universum. Wenn ich einem Kranken begegne, sende ich ihm universelle Liebe. Wenn ich fröhlichen Menschen begegne, sende ich ihm universelle Liebe.

Liebe senden ist das Urheilmittel in unserer Welt. Sie kann heilen, Frieden finden, Streit schlichten. Sie kennt keine Ausnahme. (vgl. Master Han Shan (2011), S.99)

9 Der Verstand

Der Verstand ist nur das, an unseren Körper gebundene Werkzeug des Geistes, ohne dass der Geist in unserer Erdenwelt nicht existieren könnte. Wir sind mehr als unser Verstand. Statt unseren Geist herrschen zu lassen, haben wir uns freiwillig in die Knechtschaft seines Dieners, des Verstandes begeben. So haben wir den Knecht zum Meister gemacht. Und dafür müssen wir büßen, müssen wir Tag für Tag mit vielfältigen Nöten bezahlen. Die gesamte Schöpfung ist ja ausnahmslos erfüllt von schwingender Energie.

Nach der Lehre der Wiedergeburt, sind wir so lange von der großen Ordnung zur körperlichen Wiederkehr in dieser Welt der Bewährung genötigt, bis wir im Sinn unserer Lebensgesetzlichkeit durch entsprechende seelische geistige Entwicklung in der rein geistigen Welt verbleiben und aus dem Leiden dieser materiellen Welt erlöst sein werden. Wie viele Wiederverkörperungen oder Inkarnationen dazu nötig sind, hängt nur von uns selbst ab. Unsere unsterbliche, die Erdenkörper überdauernde Geist-Seele nimmt ihre persönliche Schwingung und mit ihr den jeweils erreichten Entwicklungsgrad mit hinüber in die für uns jenseitige Welt, bis sie sich erneut in dem für sie geeigneten Körper inkarnieren kann.

Jeder Ihrer einzelner Gedanken wirkt sich selber wieder auf Sie aus!!!

PRAXISTIPP:

Die Stille ist die Sprache Gottes. Die Stille schafft Raum für Bewusstsein, weshalb unser Ego, der Verstand versucht, Stille zu vermeiden und unser Leben immer mit Aktivität erfüllt, weil es aktiv mit Leben verwechselt. In der Stille erleben Sie das ewige Bewusstsein. Wenn Gedankenstille eintritt, hat das kleine Ich, unser Verstand, nichts mehr, an dem es festhalten kann. Keine Vergangenheit, keine Gegenwart oder Zukunft. Damit entsteht ein neuer Seins Zustand. In der Stille ist kein Ereignis, kein Anfang und kein Ende.

Bewegungslosigkeit und Gedankenstille sind das Tor zum Bewusstsein

10 Lachen ist die beste Medizin

Lachen ist die beste Medizin, ist eine alte bekannte Volksweisheit, außerdem ist Lächeln die schönste Art, jemandem die Zähne zu zeigen... und wenn Sie keine mehr haben, dann zeigen die Ihr Zahnfleisch. ☺

-Volksweisheit-

Zur Aufheiterung ein kleiner Witz:

Der Gast zum Ober: „Ich warte schon zwei Stunden auf mein Fünf-Minuten-Steak."
Ober: „Seien Sie froh, dass Sie keine Tagessuppe bestellt haben."
Wenn Ihnen wieder mal nicht zum Lachen ist, dann aktivieren Sie den Lachmuskel mit folgender Übung.

PRAXISTIPP:

Der Muskel, der die Mundwinkel beim Lächeln nach oben zieht, ist der „Zygomaticus Major", der Jochbeinmuskel. Dieser Muskel ist dafür verantwortlich, dass Ihr Unterbewusstsein die Nachricht bekommt: „Mir geht es heute fantastisch gut" Um den Muskel zu aktivieren, massieren sie auf beiden Seiten Ihres Mundes mit Ihren Fingern die Wange, mindestens zwei Minuten. (Gesundheitsportal Onmeda (2015) - Online-Ressource)

Denken Sie daran, ein Kind lacht ca. 400-mal pro Tag, ein Erwachsener in Europa ca. 20-mal (Der Standard (10. Oktober 2011) - Online-Ressource).

Unsere Arbeit ist eine Form der Energie, die wir in unserem Herzen tragen und die wir in die Gesellschaft einbringen.

Leopoldseder Martin

11 Die wichtigsten Lebensgesetze

1. Das, was Sie wirklich wollen, werden Sie umso schneller erreichen, je klarer Ihnen die Sache ist.
2. Gefühle erzeugen Handlungen und Handlungen erzeugen Gefühle.
3. Sie erhalten einen Körper. Behandeln Sie ihn sorgfältig, denn Sie können ihn in diesem Leben nicht austauschen.
4. Das Leben stellt Sie immer wieder vor neuen Aufgaben, die Sie mithilfe Ihrer Gaben lösen können. Manche erscheinen Ihnen wie Probleme, aber in Wirklichkeit sind es immer nur versteckte Chancen. Es ist nicht Ihre Aufgabe, möglichst viel Geld zu verdienen oder berühmt zu werden. Ihr wahres Wesen ist bereits vollkommen. Sie können nichts falsch machen. Fehler sind Hilfen auf dem Weg. Jede Lösung liegt in Ihnen. Eine Lösung erkennen Sie daran, dass alle gewinnen.
5. Wenn alle das Gleiche tun, so heißt das nicht, dass dies richtig ist. Lassen Sie sich nicht verwirren und gehen Sie Ihren einzigartigen Weg.
6. Alles, auf das Sie sich zu bewegen, kommt gleichzeitig auf Sie zu.
7. In der Nacht hat Ihr kleines ICH, Ihr Verstand, Urlaub.
8. Was Sie tun, liegt in Ihnen begründet und die entsprechende Wirkung kommt zu Ihnen zurück.
9. Wenn Sie Ihre Hausaufgaben nicht machen, bekommen Sie vom Leben Nachhilfeunterricht in Form von Problemen, Schwierigkeiten, Krisen und Schicksalsschlägen. Suchen hierbei nach verborgenen Chancen zum Besseren. Sobald Sie die Aufgabe gelöst haben, ist der Nachhilfeunterricht vorbei.
   Schickt Ihnen das Leben mehrere Lektionen gleichzeitig, ist das ein Kompliment des Lebens an Ihre Fähigkeiten.

10. Alles, womit Sie sich intensiv beschäftigen, wächst und nimmt zu.
11. Wenn Sie bereit sind, wird sich genau zur richtigen Zeit, die richtige Möglichkeit bieten.
12. Jeder klare Entschluss etwas zu tun, klärt Ihren Verstand und aktiviert Ihre Lebenskraft. Jesus sagte schon: Euer Ja sei ein Ja, Euer nein sei ein Nein!
13. Sie bekommen vom Leben einen Spiegel, der Ihnen unbestechlich zeigt, was Sie alles verursacht haben.
14. Wir können keine Fehler machen, sondern alles ist ein Lernschritt, der zu einer Erkenntnis führt, die ohne diesen Fehler nicht möglich gewesen wäre.
15. Auch jede Enttäuschung ist ein Geschenk, denn sie beendet eine Täuschung.
16. Ihre Aufgabe ist es, die Schöpfung mit zu gestalten.
17. Sie müssen in Ihrem Inneren die Resonanz schaffen, was Sie in der äußeren Welt erreichen wollen.
18. Im Umgang mit anderen erreicht man auf dem indirekten Weg mehr, als auf den direkten.
19. Je mehr Sie geben, ohne dafür etwas zu erwarten, desto mehr wird zu Ihnen zurückkommen.
20. Je mehr Sie sich selbst mögen, achten und schätzen, werden Sie andere mögen, achten und schätzen.
21. Unser Bewusstsein kann immer nur einen Gedanken auf einmal denken. Ersetzen Sie negative sofort durch positive. Erhöhen Sie die Zeit mit positiven Gedanken.
22. Sie sind zu hundert Prozent für Ihr Leben verantwortlich. Sie sind wo Sie sind, weil Sie es so beschlossen haben.
23. Kern aller Motivation ist es, zwischenmenschliche Zuwendung, Wertschätzung, und erst recht Liebe zu finden und zu geben. Was wir im Alltag tun, wird meist direkt oder indirekt dadurch bestimmt, dass wir sozialen Kontakt gewinnen oder erhalten wollen.

24. Ein erfülltes Leben passiert nicht darin, den Weg des Ich zu gehen ohne Rücksicht auf Verluste, sondern das Leben durch uns geschehen zu lassen.
25. Wer keine Pläne macht, plant den Misserfolg. Danach leben die meisten Menschen; sie hoffen auf eine Glückssträhne.
26. Treffen Sie Entscheidungen. Aus Angst eine falsche Entscheidung zu treffen, entscheiden sich Menschen überhaupt nicht. Die schlechteste Entscheidung die es gibt, ist, nichts zu entscheiden. Für jemanden, der eine Entscheidung trifft, gibt es zwei Möglichkeiten: Entweder die Entscheidung war richtig und hat sich sofort gelohnt. Oder Sie war falsch, dann haben wir eine Erfahrung gemacht, auf die wir in Zukunft aufbauen können.
27. Kein Mensch darf sich über einen anderen erheben. Jeder Mensch ist gleich viel Wert. Der erfolgreiche Mensch weiß, was er ist und was er kann. Er hilft anderen Menschen dabei, erfolgreich, glücklich und gesund zu werden.
28. Wir sollten immer etwas mehr geben, als von uns erwartet wird – und als man uns bezahlt. Je größer der Nutzen dabei ist, den wir anderen Menschen geben, desto erfolgreicher werden wir letztendlich.
29. Wenn Sie Ihren Mitmenschen Dinge tun und sagen, wodurch sich die anderen gut fühlen, werden diese auch Dinge tun, damit Sie sich wohlfühlen.
30. Wir erfahren letztendlich unser Leben so, wie wir es wollen und am Ende unserer Reise, am Ende unserer Gedanken, kommen wir zu Gott.
(Quelle unbekannt)

Was ist die Welt? Das, worin Vergehen waltet. Buddha

12 Das Wunder des Schlafes

Viele Menschen in unserer westlichen Zivilisation leiden an Schlafstörungen. Genauso riesig ist hier der Konsum von Schlaftabletten. Genauso wie Essen und Sexualität ist Schlaf ein Grundbedürfnis des Menschen. Ein Drittel unseres Lebens verbringen wir in diesem Zustand.

Für einen guten, erholsamen Schlaf müssen meistens unsere Umstände passen. Z.B.: ein bestimmtes Bett, eine gewohnte Schlafhaltung, ein Einschlaf-Ritual ...

Der Schlaf ist ein merkwürdiges Ereignis. Wir alle können schlafen, ohne es gelernt zu haben, und trotzdem wissen wir nicht genau, wie es geht. Wir verbringen einen großen Teil unseres Lebens in diesem Bereich, und dennoch wissen wir selber nicht viel über diesen Zustand. Kommt Ihnen ein Traum auch manchmal real vor, mit denselben Empfindungen wie im Tagesbewusstsein? Wenn Sie längere Zeit meditieren, werden Sie feststellen, dass die Traumwelt ebenso real ist wie unser Tagesbewusstsein. Beides existiert in unserem Bewusstsein. Jedes Mal, wenn wir Einschlafen, üben wir sterben. Einschlafen verlangt von uns Loslassen von all unserer Kontrolle, unserer Aktivität. Es ist eine vollkommene Hingabe ins Urvertrauen, in Gott.

Wer unter Einschlaf-Schwierigkeiten leidet, hat Angst, von seinem Verstand loszulassen und sich dem Göttlichen anzuvertrauen. Der Schlaf führt uns täglich vom Hier ins Jenseits.

Wenn Sie müde sind, ist die Wahrscheinlichkeit am größten, negative Energien und Emotionen anzuziehen. Im erschöpften Zustand ist das Energiepotential niedrig, Ihre „geistige Batterie" ist leer.

Mit den Meditationen in diesem Buch werden Sie sicher in den Schlaf geführt.

Wer andererseits immer schlafen möchte, trotz ausreichendem Schlaf in der Nacht, hat das entgegen gesetzte Problem. Der Betroffene hat in den meisten Fällen Angst vor den Anforderungen des Tages, vor Aktivität und die Verantwortung im Leben. So wie das Einschlafen mit dem Tod verwandt ist, so ist das Aufwachen wie eine Geburt.

PRAXISTIPP:

Thymo Training und BEMUPO steigern Ihre Lebensenergie enorm!

13 Die persönliche Tagesrückschau

Gedanklich den Tag optimal erleben. Eine Übung, die Sie jeden Tag am Abend, mindestens fünf Minuten, machen sollten: Erleben Sie Ihren Tag gedanklich noch einmal durch, und zwar so, als wäre er optimal abgelaufen und alles wäre gut. (z.B.: Sie hätten keine Schmerzen, keinen Stress, keine Probleme oder Sorgen in der Familie oder in der Arbeit, etc...)

Lassen Sie in Ihrer Vorstellung einfach alles gut ausgehen. Völlig egal wie es wirklich gewesen sein mag. Das ändert zwar nichts am Geschehenen, aber der Tag wird dadurch energetisch neu aktiviert mit der entsprechenden Wirkung auf Ihre Zukunft.

Auf die gleiche Weise können Sie auch zukünftige Situationen und Ereignisse in Ihrem Leben neu energetisch manifestieren, bevor sie geschehen sind, und ihnen energetisch einen optimalen Verlauf und Ausgang zu geben.

Wichtig ist, dass Sie das Ganze in Wirklichkeit fühlen. Es geht nicht darum, sich vorzustellen, das fühlt sich so und so an, sondern um ein Erleben wie Sie sich in der Erfüllung mit allen Sinnen fühlen (Hören, Sehen, Gefühl, Riechen, Schmecken).

Durch diese innere Um-Programmierung wird einerseits das negative Ereignis gelöscht, und gleichzeitig dem Unterbewusstsein gezeigt, wie Sie es in der Zukunft gerne hätten (vgl. Tepperwein, K. (2009), S.139).

PRAXISTIPP:

Wir sehen uns im Kino, Fernsehen oder Internet viele Filme und Clips an, die fortwährend unser Bewusstsein beschäftigen. Stattdessen sollten wir lieber öfter schöne Musik auflegen und in unserer Phantasie spazieren gehen, um auf diese Weise den Film unseres Lebens zu träumen und mit unseren Gefühlen geistig zu unserem Eigentum zu machen.

Beantworten Sie mit all Ihren fünf Sinnen folgende Fragen:

1. Wie schaut mein optimaler Tagesverlauf aus? Vom Aufstehen bis zum Schlafen gehen?
2. Was sind meine Träume?
3. Was würde ich machen, wenn Geld im Überfluss da wäre und ich alle Ziele erreicht hätte?
4. Was kann ich besonders gut?
5. Was würde ich mit meiner Zeit machen?
6. Was macht mir wirklich von Herzen Spaß?
7. Was würden Sie tun, wenn Sie bei bester Gesundheit noch genau 1 Jahr zu leben hätten?

Das wichtigste beim Träumen Ihres optimalen Lebensfilmes ist es, dabei innerlich ein Dankbarkeit- und Glücksgefühl zu empfinden!!!

Die wichtigste Stunde in unserem Leben ist immer der gegenwärtige Augenblick; der bedeutsamste Mensch in unserem Leben ist immer der, der uns gerade gegenübersteht, das notwendigste Werk in unserem Leben ist die Liebe.

Leo Tolstoi

14 Nahrung und Geld segnen

Halten Sie in der linken Hand ein segensreiches Symbol (Heiligenbild, geweihte Heiligenstatue, ...) und in der rechten Hand ein Glas Wasser oder eine andere Nahrung. Konzentrieren Sie sich zwei bis fünf Minuten auf das segensreiche Bild und stellen Sie sich vor, wie die segensreiche Information dabei von der linken Hand in das Wasser, oder der Nahrung in Ihrer rechten Hand fließt. Danach trinken Sie das Wasser und essen Sie die Nahrung. Die segensreiche Information wird von Ihrem Körper aufgenommen und wird sich unglaublich positiv auf Ihre Gesundheit, Ihren Körper und Ihr Wohlbefinden auswirken. (vgl. Tepperwein, K. (2009, S.336f)

Jedes Mal wenn Sie Geld ausgeben, hilft Ihnen vielleicht ein kleines Ritual: Geben Sie Geld stets mit der Rückseite nach oben, verbunden mit dem Gedanken, dass dieses Geld den anderen mit Ihrem Segen verbindet. Auf der Rückseite jedes Euroscheines ist eine Brücke als Symbol der Verbindung abgebildet, während die Vorderseite ein Tor enthält, wo das Geld rausfällt. Das Ganze ist ein Ritual, was sich für Sie möglicherweise positiv auswirken kann.

In Wirklichkeit haben wir keinen Besitz.

Wir sind nur der Verwalter von Besitz und Gütern in diesem Leben.

Leopoldseder Martin

15 Gier, Habsucht, Besitz

Alles Leid, sagt Buddha, entsteht durch Gier. In Wirklichkeit hat niemand auf der Welt einen Besitz.

Falls Sie sich jetzt fragen, wieso man etwas nicht besitzen kann, ein kleines Beispiel: Ein Waldgebiet wird durch ein Unwetter verwüstet. Am nächsten Tag wird in der Zeitung berichtet: Hunderte Bäume entwurzelt, Millionen Schaden durch Unwetter. Was mich an der Sache verwundert ist die Frage, wem eigentlich dieser Schaden entstanden sein könnte?

Dem Wald wohl kaum. Und dass diese Bäume einen Menschen wirklich gehören, ist irgendwie auch nicht möglich. Dass sich irgendein Mensch diese Bäume einfach aneignen wollte, kann ich schon eher glauben. Und der sieht nicht, dass es Dinge auf dieser Erde gibt, die man einfach nicht besitzen kann. Deshalb ist er am Schluss auch mit dem Schaden und den negativen Gefühlen des Verlustes dagestanden.

Gier ist ein menschliches Gefühl. Es unterscheidet uns total von den Tieren, oder haben Sie schon von einem Löwen gehört, der fünf Rinder mehr tötet, als er essen kann und diese dann vielleicht auch verkauft?

Die meisten Tiere leben im Augenblick und wissen dass immer so viel von allem verfügbar ist, dass sie gut überleben können.

PRAXISTIPP:

Misten Sie in Ihrer Wohnung aus, was Sie die letzten sechs Monaten nicht gebraucht haben. Das Bedürfnis nach Besitz ist ein ewiges Problem wo es wenige Gewinner und viele Verlierer gibt.

Wenn Sie jemandem etwas schenken, schenken Sie ohne Hintergedanken, dass er Ihnen etwas zurückschenken müsste. Lassen Sie los. Sie tun etwas Gutes für sich selbst. Geben ist nicht abhängig von Gütern, die man weiterreicht. Ein guter Gedanke, eine heilende Hinwendung sind Gaben unseres Herzens. Und ein Lächeln kann oft mehr schenken als jedes materielle Gut. Wenn wir geben sind wir Teil des Kreislaufs aus Aktion und Reaktion. Eines Tages- vielleicht auch nicht gleich - werden wir etwas zurückbekommen. Gut möglich. dass wir etwas anderes bekommen, als wir gegeben haben. Und wer sagt, dass es von demselben kommen muss, dem wir etwas gegeben haben?

16 Die eigenen Gefühle definieren.

Überlegen Sie sich: Welche Gefühle werden in mir durch verschiedene Situationen ausgelöst? Was fühle ich? Beschreiben Sie Ihre Gefühle.

Zum Beispiel könnten Sie sich wütend, feindselig, besorgt, ängstlich, mutig, glücklich, frei, ruhig, optimistisch, stolz, erschöpft, einsam, traurig, schuldig ... fühlen.

Vermeiden Sie Beschreibungen, für die die Beteiligung einer anderen Person erforderlich ist. Beispielsweise ist es unmöglich, sich durch sich selbst angegriffen zu fühlen. Dieses Gefühl entsteht nicht aus Ihnen selbst, sondern aus Reaktion auf einen anderen Menschen. Wörter, die es zu vermeiden gilt: Beschimpft, verraten, betrogen, genötigt, erniedrigt, ausgebeutet, manipuliert, im Stich gelassen. Wenn Sie sich dieser Begriffe bedienen, um Ihre Gefühle zu beschreiben, dann bedeutet dies, dass Sie anderen Mitmenschen zu viel Macht über Ihre Emotionen einräumen. Falls dies der Fall ist, neigen Sie dazu, Menschen anzuziehen, die solche Gefühle in Ihnen auslösen und Sie befinden sich somit in einem Teufelsrad. Es ist schwierig glücklich zu sein, ohne die Verantwortung über die eigenen Gefühle zu übernehmen.

PRAXISTIPP:

Gefühle bestimmen unser Leben! Sorgen Sie dafür, dass Sie ständig ein Gefühl der Dankbarkeit in sich erzeugen. Negative Gefühle auflösen durch Achtsamkeit.

Wenn Sie sich gut fühlen, erleben Sie sich im Einklang mit sich selbst, dem Leben und der ganzen Schöpfung.

Bitten nicht fordern

Bei Forderungen reagieren die meisten Menschen ungünstig. Bitten hingegen erfüllen unsere Mitmenschen bereitwillig. Statt beispielsweise zu fordern: Hol sofort fünf Semmeln vom Bäcker, könnten Sie sagen: Könntest Du bitte fünf Semmeln vom Bäcker holen?

Oder: Du musst mich allezeit lieben, sagen Sie lieber: Willst du mich heiraten?

Statt: Ich möchte, dass wir mehr Zeit miteinander verbringen können Sie vorschlagen: Wie wäre es, wenn wir heute Nachmittag gemeinsam einen Spaziergang im Wald machen würden?

17 Geistige Ernährung

Achten Sie auf Ihre geistige Ernährung. Unser Unterbewusstsein, speichert alles, was wir erleben. Seine Aufgabe ist es nur abzuspeichern. Wir können das gespeicherte nicht löschen, jedoch können wir es mit neuen Programmen überspielen.

Befreien Sie sich von gedanklichem Schrott, sammeln Sie lieber Diamanten und Goldstücke.

Sie hören und lesen täglich Berichte über die grausigsten Tagesberichte und sehen diese sehr oft in schrecklicher Ausführlichkeit in allen Abendnachrichten.

So wie Ihr Körper durch ungesunde Nahrung geschwächt und durch gesunde gestärkt wird, werden auch Ihre Gedanken durch geistige Nahrung beeinflusst. Seien Sie wählerisch, was Sie in sich hineinlassen. Halten Sie sich fern von negativen Berichten in Tageszeitungen, Sekten ähnlichen Verschwörungstheorien und anderen Medien, die Sie mit geistigem Junk Food und geistigem Müll versorgen. Sie müssen erkennen, dass Liebe, Schönheit und Güte mindestens die Hälfte der Wirklichkeit ausmachen in der Sie leben.

PRAXISTIPP:

Heute keine Nachrichten anhören und ansehen, sondern einen Spaziergang machen.

Stell dir vor, dass du sehen kannst, was andere sehen.Dass du fühlen kannst, was andere fühlen.

Dass du Qualitäten besitzt, die du an anderen am meisten bewunderst.

Dass andere diejenigen deiner Qualitäten wiederspiegeln, die du an dir am höchsten schätzt

Dass du dich in einem Saal voller Spiegel aufhältst, dass du dich in jedem dieser zahllosen Spiegel sehen kannst und das jedes deiner Spiegelbilder dich zwar zeigt, jedoch stets ein klein wenig anders

Tat Tvan Asi

18 Sinn des Lebens

Warum sind wir auf dieser Welt? Jeder Mensch hat sich diese Frage schon mal gestellt.

Die Weisheitslehrer aller Völker und Zeiten, betonen hier das Geistige, das Spirituelle, das Wichtigste ist und nicht die Materie:

- Für den Schamanen ist der Sinn des Daseins, seine Seele zu finden, das heißt, den Weg zu seiner geistigen Heimat wieder zu finden.
- Die Indianer sprechen vom großen Geist, der in allem lebt und wirkt, dem alles Existierende untergeordnet ist.
- Buddha lehrt die Befreiung aus dem fortlaufend sich drehenden Rad der Begierde, der Aggressionen und des Nichtwissens um die wahren Zusammenhänge des Lebens, damit wir die volle geistige Kraft erlangen.
- Jesus sagt, eher ginge ein Kamel durch ein Nadelöhr, als ein Reicher, das heißt einer, der sich nur vom reich werden und vom Geld leiten lässt, in das Himmelreich, das heißt in den inneren Frieden, in die Erlösung, in die geistige Welt.

Wir sind also auf der Erde, um zu erkennen, was wir, und wer wir in Wahrheit sind: Nämlich geistige Wesen. Weil wir uns dessen nicht mehr bewusst sind, müssen wir hier auf der Erde lernen.

Wir sind auf dieser Welt, um unser Bewusstsein zu erweitern um zu leben und zu lernen. Wir werden dabei begleitet von einer höheren Macht, die uns lenkt und leitet. Sie hält für uns alles bereit, was wir für dieses wunderbare Leben brauchen. Vertrauen wir darauf, dass selbst der schlimmste Verlust, der größte Schmerz einen Sinn haben müssen.

Oft empfinden Menschen Trauer beim Verlust eines geliebten Menschen. Sie vergessen dabei, dankbar für die wundervolle Begegnung gewesen zu sein.

Trauer über einen bestimmten Zeitpunkt hinweg ist angemessen und natürlich. Lebenslange Trauer dagegen entsteht aus Unverständnis gegenüber der Schöpfung.

Alles im Leben hat einen Sinn. Ihre Lage ist gar nicht so grauenvoll, denn sie eröffnet Ihnen einen neuen Weg, den Weg zu sich selbst.

Wenn wir das Leben, das uns von der Natur, von Gott, geschenkt ist, annehmen, müssen wir dann auch nicht den Tod ebenso wie die Krankheit annehmen, die auch nur ein Teil der Natur sind? Was hat es für einen Sinn, einseitig gegen Tod und Krankheit anzukämpfen?

Aber Gott sprach zu ihm: Du Narr! Diese Nacht wird man deine Seele von dir fordern; und was nützt dir dann dein Besitz?

Lukas 12,16-20

19 Der größte Narr

Es gibt eine alte Geschichte von einem König, der sich nach der Sitte der Zeit einen Hofnarren hielt. Diese Narren hatten das Recht, den Königen und Fürsten die Wahrheit zu sagen, auch wenn sie schmerzhaft war. War sie zu schmerzhaft, dann hieß es einfach: "Er ist halt ein Narr!" Eines Tages schenkte der König seinem Hofnarren einen goldenen Narrenstab mit Glöckchen daran und sagte: "Du bist gewiss der größte Narr, den es gibt. Solltest du jemals einen treffen, der noch närrischer ist als du, dann gib ihm diesen Stab weiter." Jahrelang trug der Narr den Stab. Eines Tages erfuhr der Narr, dass der König im Sterben liegt. Da hüpfte er in das Krankenzimmer und sagte: "König, ich höre, du willst eine große Reise antreten." "Ich will nicht", erwiderte der König, "ich muss!" "Oh, du musst? Gibt es also doch eine Macht, die noch über den Großen der Erde steht. Nun wohl! Aber du wirst sicher bald wieder zurückkommen?" "Nein!" ächzte der König. "Von dem Land, in das ich reise, kehrt man nicht zurück." "Nun, nun", meinte der Narr begütigend, "gewiss hast du diese Reise seit langem vorbereitet. Ich denke, du hast dafür gesorgt, dass du in dem Land, von dem man nicht zurückkommt, königlich aufgenommen wirst." Der König schüttelte den Kopf. "Das habe ich versäumt. Ich hatte nie Zeit, diese Reise vorzubereiten." "Oh, dann hast du sicher nicht gewusst, dass du diese Reise einmal antreten musst.“ Gewusst habe ich es schon. Aber - wie gesagt - keine Zeit gehabt, mich um die rechte Vorbereitung zu kümmern." Da legte der Narr leise seinen Stab auf das Bett des Königs und sagte: "Du hast mir befohlen, diesen Stab weiterzugeben an den, der noch närrischer ist als ich. König! Nimm den Stab! Du hast gewusst, dass du in die Ewigkeit musst und dass man von da nicht zurückkommt. Und doch hast du nicht Sorge getragen, dass dir die ewigen Wohnungen *geöffnet werden. König! Du bist der größte Narr!"* (Pro-Leben.de (1996-2016) - Online-Ressource)

Gibt es heute auch noch so große Narren wie es der König war? Haben Sie sich für die Ewigkeit vorbereitet?

PRAXISTIPP:

Der Schlüssel zur Vorbereitung für die Ewigkeit lautet Gebet, Achtsamkeit und Meditation.

Am Ende deines Lebens wirst du vermutlich nicht gefragt werden:
Zu was hast du es in deinem Leben gebracht?
Und niemand will die Antwort hören:
zwei Fahrräder, zwei Autos, zwei Häuser, Nein, du wirst sicher gefragt:

Wie hast du gelebt?

An was kann sich die Welt erinnern, wenn du nicht mehr bist?

Leopoldseder Martin

20 Spiegelgesetz

Ein Spiegel ist ja ein faszinierender Gegenstand und jeder benutzt hier und da einen solchen.

Aber wozu genau braucht man einen Spiegel? Also, wir brauchen den Spiegel, um mit seiner Hilfe die Dinge an uns zu sehen, die wir ohne Hilfe des Spiegels nicht sehen könnten.

Daraus ergeben sich folgende Weisheiten:

1. Alles, was mich an meinen Mitmenschen stört, aufregt und in Wut geraten lässt, und ich anders haben will, habe ich selbst in mir.
2. Alles was der andere an mir kritisiert, bekämpft, verändern will oder auszusetzen hat, betrifft, sofern es mich verletzt, mich selbst, da dies in mir noch nicht gelöst, und mein Ego beleidigt ist.
3. Alles was der andere an mir kritisiert, bekämpft, verändern will oder auszusetzen hat, ist, sofern dies mich nicht berührt, und mich nicht an mir selbst zweifeln lässt, sein eigenes Bild, sein eigener Charakter, die er auf mich projiziert/ wiederspiegelt.
4. Alles was mir am andern gefällt, was ich an ihm liebe, bin ich selbst, habe ich selbst in mir, und liebe dies im anderen. Ich erkenne mich selbst im anderen. Wir sind in diesem Punkt eins. Spiegel unseres Denkens, Überzeugungen, Ängste, Gefühle, Erwartungen, Muster und Verhaltensweisen, Selbstbildes, Weltbildes, Lebensabsicht, Beziehungen, Lebensumstände.

Jeder bewusste Blick in einen Spiegel ist eine Botschaft und eine Chance zum Besseren.

Ganz gleich, was die Realität spiegelt, Sie begegnen immer nur sich selbst. Jeder andere ist immer nur ein Botschafter des Lebens. Wenn Sie mehr Liebe in Ihr Leben bringen wollen, sollten Sie mehr lieben, die anderen Mitmenschen, aber vor allem sich selbst, so wie Sie sind. ALLES in Ihrem Leben ist eine Botschaft. Jedes Problem ist in Wirklichkeit eine Aufgabe, die das Leben uns stellt, um es zu lösen.

Jede Situation in der äußeren Wirklichkeit spiegelt immer nur Ihre innere Wirklichkeit wieder.

Zwischenmenschliche Beziehungen sind das wirksamste Mittel, um Bewusstseins Einheit zu erlangen. Weil wir tagtäglich und allerorts von ihnen umgeben und in sie eingebunden sind. Denken Sie an das Geflecht an Beziehungen, in das Sie eingewoben sind - Eltern, Kinder, Freunde, Kollegen, Romanzen. Jede Einzelne von ihnen ist im Kern eine spirituelle Erfahrung.

Wenn Sie sich zum Beispiel verlieben, dann haben Sie das Gefühl, die Zeit sei stehen geblieben. In diesem Augenblick sind Sie in Frieden mit der Unsicherheit.

Sie fühlen sich wunderbar und zugleich verletzbar. Durch den Spiegel der Beziehungen- aller Beziehungen- nehmen wir die Erweiterung unseres Bewusstseins wahr. Den Mensch den wir lieben, und den Menschen den wir hassen, sind beide Spiegelbilder unserer selbst, jedoch in stärkerer Form (vgl. Ackermann A. (2006), S.125).

Von wem fühlen wir uns angezogen? Von Personen, die ähnliche Eigenschaften haben wie wir selbst, jedoch in stärkerer Form. Wir genießen ihre Gegenwart, weil wir unbewusst hoffen, dass sie uns durch ihre Gegenwart helfen, diese gemeinsamen Eigenschaften stärker zu manifestieren. Auf die gleiche Weise fühlen wir uns von Menschen abgestoßen, die Eigenschaften spiegeln, die wir an uns ablehnen.

Wenn Sie also auf einen Mitmenschen besonders negativ reagieren, dann können Sie sicher sein, dass dieser Mensch mit Ihnen Eigenschaften gemeinsam hat, denen Sie auf keinen Fall Raum geben möchten. Wenn Sie bereit wären, diese Eigenschaften zu akzeptieren, dann würden Sie sich von dieser Person nicht abgestoßen fühlen. Indem Sie anerkennen, dass wir uns in unseren Mitmenschen spiegeln, wird jede Beziehung zu einem Mittel zur Bewusstseinsentwicklung. Wenn Sie sich das nächste Mal von einem Menschen angezogen fühlen, so fragen Sie sich, was es genau ist, was Sie angezogen hat. Ist es Schönheit, Eleganz, Einfluss, Macht oder Intelligenz? Analysieren Sie sorgfältig Ihre Gefühle bei dieser Anziehung, dann werden Sie mit der Zeit immer mehr Sie selbst. Dasselbe gilt natürlich bei Menschen die Sie abstoßend finden. Um mehr Sie selbst zu werden müssen Sie auch die schlechten Eigenschaften in sich verstehen und annehmen.

Sind Sie je Menschen begegnet, denen es irgendwie immer gelingt, die falschen Leute anzulocken? Die Wahrheit ist nicht etwa, dass Sie das Dunkle und Schlechte anziehen, die Wahrheit ist, dass Sie sich weigern, es als Bestandteil Ihres eigenen Lebens anzunehmen. Wenn Sie einen Menschen begegnen, den Sie nicht leiden können, bekommen Sie mit dieser Begegnung eine gute Gelegenheit, die Gegensätze zu akzeptieren und eine neue Facette Ihrer selbst zu entdecken.

Es herrscht so viel Aggression in der Welt, weil all die Aggression in uns selbst herrscht. Nur wenn wir sie entmachten, kann Frieden in unserer Welt Einzug halten. Die Unterhaltungsindustrie lebt von Actionfilmen, und Computerspielen in denen zum Zeitvertreib gemordet und gekämpft wird. Auch wenn es sogenannte Ersatzhandlungen sind, werden aggressive Verhaltensmuster auf diese Weise eingeübt und energetisch fixiert.

Wenn jemand uns seine Aggression entgegen schleudert, erkennen wir, dass der andere leidet und dies im Außen, auf uns projiziert.

Im richtigen Augenblick loslassen bedeutet, sich dem Fluss des Lebens anzuvertrauen.

Martin Leopoldseder

21 Negative Emotionen loslassen

Leben = Bewegung, Veränderung.
Festhalten = Tod.
Alles im Universum ist Energie und Schwingung.

Darum: Wen man etwas festhält, blockiert man die Energie. Was man festhält, das kann sich nicht mehr bewegen. Was sich nicht mehr bewegen kann, stirbt ab.

Loslassen und festhalten haben immer mit Konflikt mit dem göttlichen Sein zu tun. Letztlich kann alles im Leben eines Menschen auf die Frage Konflikt mit der göttlichen Kraft, oder kein Konflikt mit Gott.

Wer einen Konflikt hat mit der göttlichen Kraft, bei dem fließt die Energie nicht. Konflikte mit dem Leben bestehen immer dort, wo etwas festgehalten wird. Immer wenn Sie etwas (Menschen, Situationen, Bankkonto, Geld) nicht annehmen können, dann heißt das, dass Sie einen Konflikt mit dem Leben, im weiteren Sinne mit Gott heraufbeschwören.

Nehmen wir als Beispiel das System Mensch. Wenn Ihr Kreislauf fließt, sind Sie gesund, und leben. Wenn Sie Ihren Brustkorb öffnen würden, eine Ader herausziehen, diese abknicken würden, wären Sie nach ein paar Minuten tot. Lassen Sie die Ader rechtzeitig los, so leben Sie.

Überdenken Sie meine Behauptung mit dem System Beziehung, dem elektrischen System, Ihre Kinder, Geld, Gesundheit... (vgl. Ackermann A. (2006), S. 95).

Wenn Sie beobachten, dass ein Mensch mit dem Loslassen seines Geldes Probleme hat, können Sie sicher sein, dass dieser Mensch auch mit dem Loslassen anderer Dinge in seinem Leben Probleme hat. Er kann z.B.: seinen Partner, seine Kinder, seine Eltern, seine Ansichten, seine materiellen Güter, seine Krankheiten, usw... nicht loslassen. So ein Mensch kontrolliert ständig und schafft laufend Probleme mit seinem Umfeld. Beobachten Sie, wie Ihre Freunde mit dem Geld umgehen, und Sie werden meine Behauptung bestätigt finden.

Sie können Ihre persönliche Energie enorm steigern, wenn Sie anfangen, bewusst und freudig loszulassen. Das Gegenteil von Loslassen, das Festhalten bindet nämlich enorm viel von Ihrer Energie. Da alles miteinander vernetzt ist, können Sie das Loslassen am besten und wirkungsvollsten mit Geld üben. Über das Geld deshalb am wirkungsvollsten, weil Ihnen das Loslassen des Geldes normalerweise fast wie ein Opfer vorkommt. Es steht schon in der Bibel, wir sollen den Zehnten loslassen. Einfach den zehnten Teil unserer Einnahmen für einen Zweck, der zum Wohle aller Menschen dient, loslassen.

Wer diese Empfehlung der Bibel wirklich lebt, hat etwas Wichtiges verstanden.

PRAXISTIPP:

Lassen Sie das Geld im Rahmen Ihrer Möglichkeiten los, und Sie werden sehen, es wird automatisch immer mehr Energie in Ihr Leben fließen. Bedenken Sie, jedes Problem ist nichts anderes als das Verweigern einer Realität. Wo Türen zugehen, öffnen sich wieder neue.

Auch wenn man keine materiellen Mitteln hat: Etwas kann man immer geben, und wenn es ein Lächeln ist, und die gute Energie, die man aussendet.

22 Goldene Regeln für schlechte Emotionen

- **Aggressionen** zeigen nur die Stärke meines Widerstandes gegen etwas, aber sie ändern nichts. Aggression ist eine Botschaft des Lebens die mich auf etwas aufmerksam macht, dass geändert werden sollte. Daher ändere ich es und gestalte mein Leben so, dass es mir gefällt. Dann verschwindet die Aggression.

- **Angst:** Fragen Sie sich, wer ist es, der Angst hat? Dann machen Sie sich bewusst, dass Sie Teil sind des göttlichen Bewusstseins, der stärksten Kraft in diesem Universum. Was also können Sie befürchten? Und falls Sie Angst vor dem Tod haben: Ihre Seele, Ihr wahres Sein kann gar nicht sterben, nur Ihr Körper hat ein Ablaufdatum.

- **Beleidigung:** Wenn Sie jemand beleidigt, anschreit oder provoziert, widersprechen Sie ihm nicht und bleiben Sie stumm. Seine Energie wird bald verbraucht sein und er ist mit seinen Aussagen tief in Ihrer Schuld. Sie können eventuell sagen: „Ich mag dich trotzdem."

- **Eifersucht:** Hinter Eifersucht steht der Wunsch, andere besitzen zu wollen, und die Angst sie zu verlieren. Lösen Sie beides in der Erkenntnis auf, dass man einen Menschen nicht besitzen kann. Was wirklich zu Ihnen gehört, das können Sie auf gar keinen Fall verlieren, und was nicht mehr zu Ihnen gehört, das können Sie auf Dauer nicht halten. Ihr Partner ist nur dazu da, um Ihre Liebesfähigkeit zu üben, und als Spiegel Ihre eigenen Fehler zu erkennen.

- **Empfindlichkeit:** Erkennen Sie jede Kritik als Kompliment und Nachricht des Lebens, bestimmte Bereiche des Lebens zu überprüfen.

Ist die Kritik berechtigt, sollten Sie dem anderen dankbar sein, und ist sie nicht berechtigt, hat sich der andere nur geirrt. Sie haben damit nichts zu tun.

- **Enttäuschungen:** Ent-Täuschung = weg von der Täuschung.
  Jede Enttäuschung zeigt, dass ich mich in etwas getäuscht habe, und die Enttäuschung beendet die Täuschung. Dafür sollten Sie von Herzen dankbar sein.

- **Erwartungen:** Wenn Sie keine Erwartungen mehr haben, können Sie auch nicht enttäuscht werden, denn vor jeder Enttäuschung steht immer eine Erwartung, die sich als nicht richtig erwiesen hat. Sobald Sie Ihre Erwartungen losgelassen haben, ist es nicht mehr möglich, Sie zu enttäuschen.

- **Vergangenheit:** Fotos, alte Liebesbriefe, Gegenstände und sonstige Schriftstücke. Jeder Gegenstand hat eine Geschichte, die durch ihn wirkt. Deshalb sollte man immer wieder klären, ob man die Wirkung noch haben möchte. Ist man in eine alte Wirkungskraft verwickelt, spielt es momentan keine Rolle ob diese Verwicklung positiv oder negativ ist.
  Denn alles, was wir noch mit der Vergangenheit mit uns tragen, bindet einen Teil unserer Energie, die uns dann für die Gestaltung unserer Zukunft fehlt und uns weiter in der Vergangenheit festhält.

- **Krankheit:** Lassen Sie auch Krankheit los, indem Sie gesund denken, leben, handeln. Die Grundregel für ein Leben in Harmonie ist seit Jahrtausenden bekannt: Natürlich und in Harmonie leben. Krankheiten sind somit keine Krankheiten, sondern die Folge unnatürlicher Verhaltensweise. Dort wo Krankheiten aufgrund von Vererbung entstehen, fordert Sie das Leben auf, eine Lösung für das betreffende Thema zu finden.

- **Leid:** Lassen Sie auch Leid los, denn Leid entsteht nur durch Ihr Urteil und den Widerstand gegen das, was ist. Wer leidet eigentlich wenn ich leide? Nur das kleine Ich, Ihr Verstand. Unsere Seele selber kennt kein Leid.
- **Mangel:** Lassen Sie Mangel los, denn das Leben ist als Ausdruck von Fülle gedacht. Korrigieren Sie Ihre Worte, Ihr Denken, Ihre Handlungen und Ihre Gewohnheiten.
- **Minderwertigkeitsgefühle:** Wenn ich mich daran erinnere, wer ich wirklich bin, kann ich mich nicht mehr minderwertig fühlen. Ich erkenne, niemand steht über mir, und niemand steht unter mir. Dies ist nur möglich, wenn ich mich wieder mit dem Verstand identifiziere. Wir ALLE sind Ausdruck der einen göttlichen Kraft, zu der wir wieder einmal zurückkehren.
- **Misserfolg:** Lassen Sie auch Misserfolg los, in der Erkenntnis, dass es keine Probleme gibt, nur Situationen, Umstände und Aufgaben, die zu lösen sind.
- **Probleme:** Denken Sie daran, es gibt keine Probleme, sondern nur Situationen, Umstände und Aufgaben, die zu lösen sind. Jedes Problem ist nur ein liebevoller Hinweis, dass Sie nicht dem Willen Gottes entsprechend leben und eine bitte um Änderung.
- **Schlechte Laune:** Jeden Morgen stehen Sie vor der Entscheidung, mit welcher Laune Sie durch den Tag gehen wollen. Nicht die Ereignisse und Umstände bestimmen Ihre Laune, sondern Sie selbst. Erkennen Sie, dass Erfolg, Macht, Geld, Besitz, Ansehen, nur Spielsachen sind, die Sie auf der Erde zurücklassen, wenn Sie heimgerufen werden.
- **Schuldgefühle:** Kein Mensch kann durch die Schule des Lebens gehen, ohne Fehler zu machen. Und ein Fehler ist ja in Wirklichkeit eine Nachricht des Lebens, dass etwas fehlt.

- **Selbstmitleid** hilft uns nicht weiter. Haben Sie statt Selbstmitleid lieber Mitgefühl mit sich, das heißt Selbstannahme, verbunden mit Offenheit für positive Lösungen.
- **Sorgen:** Sorgen sind bedrückende Gefühle der Unruhe und der Angst, sinnlose Aktivitäten des Augenblicks. Sich Sorgen machen liegt nicht in der menschlichen Natur, es ist antrainiert.
- **Stress:** Stress ist die erhöhte seelische und körperliche Belastung und Anspannung, die bestimmte Reaktion hervorruft und oft krank macht. Wenn Sie bei allem, was Sie tun, mit Ihrem wahrem Selbst verbunden sind, gibt es keinen Stress, sondern nur einen wundervollen Zustand des Flusses, aus dem heraus Sie stimmig, effektiv und zügig agieren, während Sie gleichzeitig in einer aktiven Tätigkeitsmeditation sind.
- **Trauer:** Wenn Sie einen lieben Menschen durch Tod oder Trennung verloren haben, dann danken Sie für die schöne Zeit, die Sie miteinander hatten, und öffnen sich nun für das, was das Leben jetzt anbieten möchte. Wenn Gedanken der Trauer hochkommen, spüren Sie diese bewusst, durchschreiten Sie sie, und lassen diese ganz bewusst hinter sich. Dankbarkeit ist der beste Schlüssel, um Trauer hinter sich zu lassen.
- **Übergewicht:** Lassen Sie Übergewicht los, denn das ist ein Zeichen dafür, dass Sie es sich unnötig schwer machen im Leben. Spüren Sie die Bereiche in Ihrem Leben nach, in denen Sie Dinge schwer nehmen.
- **Ärger und Zorn:** Sich über jemanden zu ärgern ist dasselbe, als würde man Gift zu sich nehmen und hoffen, dass der andere daran stirbt.

(vgl. Tepperwein, K. (2009), S.257

23 Interne Kommunikation

Magische Wörter für verschiedene Situationen

Schlechte Gefühle	verwandeln sich in / sagen Sie lieber
Ängstlich	ein wenig beunruhigt
Ängstlich	erwartungsvoll
Bedroht	das wird eine Herausforderung
Beleidigt	missverstanden
Besorgt	ein bisschen zu viel
Deprimiert	ruhig, bevor ich loslege
Deprimiert	nicht ganz auf dem Damm
Deprimiert	kurz vor dem Wendepunkt
Dumm	auf Entdeckungsreise
Dumm	beim lernen
Eifersüchtig	zu viel liebend
Einsam	jederzeit verfügbar
Erschöpft	ich muss auftanken
Faul	Energie speichern
Frustriert	herausgefordert
Frustriert	faszinierend
Gedemütigt	unangenehm überrascht
Gereizt	angeregt

Gestresst	beschäftigt
Gestresst	energiegeladen
Ich muss	ich wähle
Ich hasse, etwas zu tun	ich ziehe etwas anderes vor
In Panik	aufgeregt
Scheiße	Scheibenkleister
Scheitern	lernend
Scheitern	den Horizont erweitern
Schmerzvoll	unliebsam
Schrecklich	anders
Starr vor Schreck	gefordert
Total überfordert sein	habe viel zu tun
Traurig	beim Sortieren meiner Gedanken
Überfordert	herausgefordert
Überfordert	im Höchstmaß beansprucht
Überlastet	stark beansprucht
Ungeduldig	voller Freude
Verletzt	verstimmt
Verunsichert	im Zweifel
Verwirrt	neugierig
Wütend	ernüchtert
Wütend	unangenehm berührt
Wütend	leidenschaftlich

Zurückgewiesen	auf Eis gelegt
Zurückgewiesen	missverstanden
Zu Tode gelangweilt	es plätschert alles so dahin

(vgl. Robbins A, (1999), S.234)

24 Unser Verstand - Kleines Ich und höheres Selbst

Ich beginne das Kapitel mit einer Geschichte aus der Sufi Tradition…

Ein König verlässt sein Schloss und sieht einen Bettler am Straßenrand sitzen. Da er guter Laune ist, verspricht der König dem Bettler, einen Wunsch zu erfüllen. Der Bettler lacht ihm ins Gesicht und sagt: „Ihr könnt mir nicht das geben, was ich begehre. "Das werden wir sehen", antwortete der König. „Wie lautet dein sehnlichster Herzenswunsch?" „Füllt diese Schüssel mit Gold auf". Der König befiehlt seinen Dienern, Goldmünzen zu bringen, und schüttet diese in die Schüssel des Bettlers. Doch sie verschwinden, eine nach der anderen. Immer mehr Gold wird in die Schüssel geworfen, aber kurze Zeit später ist sie erneut leer. Am Ende des Tages ist der König pleite und realisiert endlich, dass er es mit einem großen Meister zu tun hat. Er fällt auf die Knie und sagt: „Was ist das für eine Schüssel? Das ist einfach erwidert der Bettler, Diese Schüssel wurde aus menschlichem Geist hergestellt. Alles was wir bekommen und haben, wird von unserem Geist absorbiert.

Es gib keinen Weg zum Glücklich sein. Glücklich sein ist der Weg. Dieser Satz stammt von Buddha.

1. Es gibt keine Umstände, die glücklich machen. Glück ist ein innerer Zustand.
2. Glücklich macht, wenn ich wirklich mein Leben lebe.
3. Ich bin mit einer bestimmten Lebensabsicht gekommen. Glücklich werden kann ich nur, wenn ich diese erkenne und erfülle.
4. Mein Glück ist davon abhängig worauf ich mein Bewusstsein richte und gerichtet halte.

5. Glücklich sein heißt wohlwollend sein und alle seine Tätigkeiten zum Wohle aller Beteiligten machen.

Wie erkennt man, ob etwas vom Verstand, kleines Ich, das Ego oder höherem Selbst, von Gott, kommt: Beobachten wir mal, wie unser Verstand funktioniert...

Ihnen kommt ein Gedanke in den Sinn. Z.B.: über Ihren Kühlschrank. Sofort greift Ihr Verstand ein, verknüpft ihn mit einem anderen Gedanken, der aus der Reaktion auf den ersten Gedanken entsteht. Sie denken, Sie müssen in den Supermarkt, um Ihren Kühlschrank zu füllen, dann wird ein weiterer Gedanke ergriffen und mit dem letzten verknüpft. Ich muss auch noch zum Bankomaten, Geld holen. Und so weiter entsteht eine Gedankenkette, die Sie von Ihrem ursprünglichen Gedanken weit weg führt.

Unser Verstand muss Gedanken ergreifen, das ist die Natur des Verstandes, sein Wesenskern. Sobald wir uns vom Ergreifen des Verstandes ablassen können, sind wir auf dem Weg in die mentale Freiheit.

Unser Verstand verlangt immer nach neuem. Jede Information wird dadurch bewertet, ob sie bekannt oder unbekannt ist. So gibt es in Wirklichkeit nichts Neues. Das, was wir als Neuigkeiten bezeichnen, sind die ewig gültigen Weisheiten, die eine neue Aufmachung oder Verpackung erhalten. Etwas wirklich Neues ist es für Sie, wenn Sie einmal in die Tiefe Ihres Wesens gehen und den Kerker des Egos verlassen.

Die beiden wichtigsten Worte von unserem Verstand sind ich und mein. Aber in Wahrheit kann man gar nichts besitzen, denn alles ist einfach nur da, und wir werden am Ende unseres Lebens, alles hier zurücklassen für die anderen.

Mit mein und dein beginnen die Konflikte, denn unser Verstand, das kleine Ich, neigt dazu, haben und sein zu verwechseln, glaubt, je mehr ich habe, desto mehr bin ich. Aber die Befriedigung, die es durch das haben erlebt, ist nur von kurzer Dauer, und so will es immer mehr.

Das Ego denkt, ich habe noch nicht genug. Ein unstillbarer Hunger nach mehr, das ist die Ursache der meisten Konflikte. Bekommt unser Verstand, das Ego, nicht, was es möchte, erlebt es Unbehagen, Langeweile oder Angst. Alles was uns bereits gehört ist uninteressant. Solange wir uns mit einem ICH identifizieren, das eine gute oder schlechte Vergangenheit hat, sind wir im Leben an unser Karma, unser Schicksal, gebunden.

Tatsächlich verursachen wir aufgrund der Glaubenssätze, Überzeugungen, Prägungen, Vorlieben, Abneigungen und sämtliche Eindrücke, die wir aufnehmen, in jedem Augenblick ein Karma, das im Spiegel des Lebens als unsere erlebte Realität in Erscheinung tritt. Das Loslassen vom Karma geht einher mit der Erinnerung an unser wahres Sein. Erfahrungen der Selbst-Erinnerung und ein Leben aus dem bewussten SEIN können das Karma und unser Schicksal auflösen. Ich bin geboren worden, ob ich lebte oder starb, dies zieht Reaktionen nach sich. Laufe ich durch das Gras, kann es sein, dass ich einen Wurm zertrete. Soll ich nicht durchs Gras laufen? Tausende Ameisen würden sich von ihm nähren und sich vermehren. Ein neues Nest bauen. Laufe ich nicht durchs Gras, was dann? Sein Verlangen kann weder durch Besitz noch Menschen oder Umstände gestillt werden, nur durch die Auflösung der Illusion des ICH.

Das Ego will aus allem einen Besitz machen, sogar aus dem Leben. Es sagt: Das ist mein Leben. Aber wir besitzen das Leben nicht, wir sind das Leben. Wie aber könnte ich etwas verlieren, das ich bin?

Solange das Ego unser Leben beherrscht, macht es uns auf zwei Arten unglücklich: Zum einen bekommen wir nicht, was wir uns wünschen, zum anderen sind wir nie zufrieden, selbst wenn unsere Wünsche wahr geworden sind.

Das Ego hat viele Gesichter. So zum Beispiel:

- **EGO, Verstand, kleines Ich, konditioniertes Energiefeld.**
  <u>Merkmale:</u> So erkennen Sie, dass Sie nicht sich selbst sind:
  1. Egoismus.
  2. Eigene Persönlichkeit.
  3. Konditionierte Verhaltensweisen.
  4. Raum und Zeit.
  5. Urteilt.
  6. Innerer Dialog – das gehört mir, das bin ich.
  7. Angst dominiert.
  8. Braucht Energie.
  9. Braucht Zustimmung, Bestätigung.
  10. Aktiv, Sinnes-Erfahrungen.
  11. Ich will beachtet werden, Neid, bin der Chef.
  12. Schuldzuweisungen.
  13. Ärger, Eifersucht.
  14. Ausgenutzt und fremdbestimmt fühlen.
  15. Ja sagen, wenn Sie nein sagen möchten.
  16. Schuldgefühle haben.
  17. Für etwas schämen, dass Sie getan haben.
  18. Lob und Anerkennung brauchen und Kritik nicht vertragen.
  19. Etwas meinen, tun zu müssen.
  20. Etwas tun, dass Sie eigentlich nicht mehr wollen (z.B.: rauchen).
  21. Angst haben, die Liebe eines anderen zu verlieren.
  22. Sich ständig nach anderen richten, urteilen.
  23. Unter Druck stehen.

24. Sie nicht wissen, was sie wollen.
25. Sich in Ihrer Haut nicht wohlfühlen.

- **Höheres Selbst - göttliches Sein, freies Energiefeld, Seele**
  Merkmale vom höheren Selbst- göttliches Sein, freies Energiefeld, Seele
  1. Geist
  2. Seele
  3. Reines Bewusstsein
  4. Funktioniert außerhalb von Raum und Zeit
  5. Zeitlos und unendlich
  6. Intuitiv/kreativ
  7. Unkonditioniert, grenzenlos
  8. Vereint
  9. Liebe dominiert
  10. Immun gegen Kritik und Schmeichelei
  11. keine Angst, keinen Stress
  12. Stille gehen und die Kraft Gottes in sich spüren
  13. In der Natur spazieren gehen
  14. Gute Musik hören
  15. Meditieren oder beten
  16. Sich mit Gleichgesinnten umgeben
  17. Einer erfüllenden Tätigkeit nachgehen
  18. Stimmig leben
  19. Dankbar sein

PRAXISTIPP:

Sehen Sie sich jeden Tag um, und zählen Sie alle Dinge auf, die Sie bereits besitzen, und seien Sie dafür von ganzem Herzen dankbar, z.B.: Wohnung, Kleider, Geld, leckeres Essen, für unsere Gesundheit, Freundschaften, etc...

25 Das wahre Selbst – Ihr bester Freund

Wäre es nicht schön, einen Freund zu haben, der alles weiß, und jederzeit bereit ist, uns bei allem zu helfen? Oder eine Freundin, die die Zukunft kennt und uns zeigen kann, wie man sich optimal darauf vorbereitet oder sie bewusst gestaltet, die uns in jeder Lebenslage hilft, die richtigen Entscheidungen zu treffen?

Nun, wir haben einen solchen Freund, eine solche Freundin, es ist unser wahres Sein, das wir in diesem Kapitel kennenlernen. Falls Sie nun fragen: Wo warst du die ganze Zeit, dann wäre die Antwort: Ich war immer hier. Und wenn Sie weiter fragen würden: Aber warum hast du mir nie geholfen? Dann würde die Antwort lauten: Nun, du hast mich nicht gefragt. Und weiter: Können wir wenigstens jetzt damit beginnen? Darauf die Antwort: Es wird höchste Zeit!

Wenn wir einfach nur der Stimme des Egos, des Verstandes folgen und eine Ellenbogenmentalität entwickeln, dann spielt unser wahres Selbst noch nicht die Hauptrolle im Leben - es geht dann um Befriedigung, Gier und Besitz. Aber auch ein Opfer Bewusstsein, gekennzeichnet von Ängsten, Befürchtungen und Moral und Zweifel sind nicht unser wahres Selbst.

Denn in Wirklichkeit sind wir weder Opfer noch Täter, sondern eine Einheit zwischen dem Ganzen auf dem Weg zu uns selbst. Z.B.: Eine Frau, von Beruf Direktorin in einem großen Unternehmen, lebt seit zwei Jahren in einer unbefriedigenden Partnerschaft mit einem depressiven, pflegebedürftigen Partner zusammen, den sie sehr liebt. Viele ihrer Wünsche werden nicht erfüllt. Nun will sie aus der festen Beziehung lösen und wieder die Hauptrolle in ihrem Leben spielen.

Gleichzeitig wird ihr jedoch bewusst, dass in dem Fall nicht sie, sondern ihr Bedürfnis nach Genuss und Freiheit die Hauptrolle in ihrem Leben spielt. Sie entscheidet sich bewusst, bei ihrem Partner zu bleiben und herauszufinden, was die Depression und Pflegebedürftigkeit ihres Partners ihr zu sagen haben. Dabei entdeckt sie ihr wahres selbst in sich. Sie entdeckt eine neue Lebensaufgabe, sie bleibt in der bestehenden Verbindung, ohne sich aber als Opfer der Umstände zu fühlen.

Beobachtungen und Bewertung sollten getrennt werden. Definieren Sie die tatsächlichen Geschehnisse, anstatt sich nur auf Ihre Interpretation zu verlassen.

Fragen Sie sich, was ist es wirklich, das bei mir eine Reaktion auslöst? Was hat sich tatsächlich ereignet? Was habe ich gesehen und gehört?

Beispielsweise könnten Sie gerade mit dem Auto unterwegs sein und sich Gedanken machen, was es zum Abendessen geben soll, da bemerkt ihr Partner ihr Schweigen und will wissen: Worüber ärgerst du dich denn? Sie antworten: Ich ärgere mich über gar nichts. Ich habe nur darüber nachgedacht, was es heute Abend zum Abendessen geben soll.

Ihr Partner hat auf Ihr Schweigen mit Bewertung statt mit Beobachtung reagiert. Jedes Mal wenn Sie eine Handlung mit einer Bedeutung verbinden, bewerten Sie diese. Jedes Mal, wenn Sie eine Situation bewerten wollen, halten Sie inne und versuchen Sie objektiv zu sprechen, anstatt zu bewerten und interpretieren. Folgende Beispiele sollen dies zunächst veranschaulichen: Der Erste Satz ist immer die Bewertung, der zweite ist die Wahrnehmung.

1. Ich habe gesehen, dass du auf der Party mit dieser Frau geflirtet hast.
2. Ich habe gesehen, dass du dich auf der Party eine Stunde mit dieser Frau unterhalten hast.

1. Ich sehe, dass dir deine Arbeit wichtiger ist als deine Familie.
2. In den letzten zwei Wochen bist du jeden Morgen bei Tagesanbruch zur Arbeit gefahren und am Abend erst nach 22:00 Uhr nach Hause gekommen.

1. Du liebst mich nicht mehr.
2. Wenn du von der Arbeit nach Hause kommst, dann küsst du mich nicht mehr zur Begrüßung.

26 Wer und was wir wirklich sind

Klare Energie, überdeckt von den Schichten unseres Verstandes in unseren Handlungen, wird bestimmt von Verhaltensmustern, die unserem Energiefeld entsprechen. Und unser Energiefeld besteht aus Aktionen und Reaktionen unseres Lebens (vgl. Master Han Shan (2011), S.88).

Ihr höheres Selbst, göttliches Sein, Seele oder wie Sie es auch immer nennen, entspricht dem, was in der christlichen Tradition als „verklärter Körper" genannt wird.

27 Positives Denken

Das positive Denken, wie es die meisten von uns kennen, ist einseitiges Denken. Wirklich positives Denken sieht beide Teile, das Gute wie das Schlechte, Sie nehmen die ganze Situation ganzheitlich wahr, und lösen das Ganze mit Achtsamkeit und Meditation auf.

Ein junger Mann kam zu einem großen Yogi Meister und fragte: "Was ist es, das das Ungehörte gehört, das Ungesehene gesehen, das Unerkannte erkannt und das Unvorstellbare vorstellbar macht?"

Der Meister sprach: "Das gesamte Universum ist in Wirklichkeit reines Bewusstsein. Reines Bewusstsein kommt absolutem Sein gleich. Es ist das eine, zudem es kein zweites gibt. Am Anfang sprach Gott zu sich selbst. Ich will mich zu dem vielen vermehren und so zugleich alles sehende und alles gesehene sein. Gott wurde zu den vielen und damit zum selbst eines jeden einzelnen. Alle Wesen sind in Gott und Gott ist der Kern jeglichen Seins. Auch du bist ein Teil Gottes.

Wenn Bienen aus dem Nektar zahlreicher Blüten Honig machen, dann kann der Nektar nicht sagen: Ich stamme aus dieser oder jener Blume. Auf die gleiche Weise wirst du eins mit dem selbst all dessen, was ist, sobald du mit dem höheren Selbst verschmilzt. Dies ist das wahre Selbst jeglichen Seins.

Der Ganges fließt nach Osten, der Indus nach Westen. Dennoch vereinen sich beide zuletzt im Meer. Sobald sie im Meer sind, sind sie EINS. Sie denken dann nicht mehr, ich bin der Ganges, ich bin der Indus. Auf diese Weise hat alles seine Quelle im göttlichen Ursprung.

Wenn der Körper stirbt, dann stirbt das Selbst, die Seele, nicht mit ihm. Feuer kann es nicht verbrennen, Wasser kann es nicht nass machen, der Wind kann es nicht austrocknen, keine Waffe kann es vernichten. Es ist ungeboren, hat weder Anfang noch Ende. Es existiert jenseits von Raum und Zeit, durchzieht das ganze Universum. Das sind SIE in Wirklichkeit.

Nehmen Sie eine Frucht vom Baum. Brechen Sie diese auf, Was sehen Sie? Kleine Samenkörner? Teilen Sie das Samenkorn. Was sehen Sie jetzt? Sie sehen, dass nichts mehr da ist?

Das was Sie jetzt nicht sehen ist die göttliche Essenz, und der gesamte Baum hat darin seinen Ursprung. Auf diese gleiche Weise hat auch das Universum seinen Ursprung zum göttlichen Bewusstsein.

Das Salz Beispiel:

Nehmen Sie einen Salzklumpen und legen Sie diesen in eine Schüssel mit Wasser. Nach drei Stunden nehmen Sie den Salzklumpen heraus. Sie können ihn nicht herausgeben, er hat sich aufgelöst. Kosten Sie das Wasser, es ist salzig. So wie das Salz sich im Klumpen befindet, und im Wasser verteilt, so befindet sich auch ihre Seele im Körper, und durchdringt zugleich das ganze Universum.

Sie nehmen Ihre Seele in Ihrem Körper nicht wahr, doch ohne der Seele wäre Ihre heutige Wahrnehmung überhaupt nicht möglich. Verschmelzen Sie hingegen mit Ihrer Seele, mit Ihrem göttlichen Bewusstsein, dann sind Sie mit allem verbunden. Wahrheit, Wirklichkeit, Existenz, ist die letztendliche Wirklichkeit, der Urgrund allen Seins in diesem Universum. (vgl. Chopra D. (2006), S.300)

Da Vergänglichkeit für uns gleichbedeutend ist mit Schmerz, klammern wir uns verzweifelt an die Dinge, obwohl sie sich ständig ändern. Wir haben Angst loszulassen, wir haben Angst, wirklich zu leben, weil leben lernen loslassen lernen bedeutet. Es liegt eine tragische Komik in unserem Festhalten: Es ist nicht nur vergeblich, sondern es beschert uns genau den Schmerz, den wir um jeden Preis vermeiden wollten.
Die Absicht hinter dem Greifen ist nicht unbedingt schlecht. Es ist an sich nichts falsch an dem Wunsch, glücklich zu sein; weil aber das, wonach wir greifen, von Natur aus ungreifbar ist, schaffen wir uns immer nur Frustration und Leiden.

Sogyal Rinpoche

28 Krankheit als Botschaft

Krankheit ruft uns Menschen ins Gedächtnis, dass der Körper beständig altert und vergänglich ist. Die Angst vor Krankheit geht mit der Angst vor Schmerzen sowie der eigenen Sterblichkeit und Vergänglichkeit einher. Menschen haben Angst zu sterben, da sie nicht wissen, was sie erwartet. Sie hängen am Leben und richten alle Energie darauf, es festzuhalten. Aus Angst vor dem Tod willigen sie Behandlungen ein, die sie massiv an Lebensqualität kosten. Sie lassen transplantieren, amputieren, und lassen sich auf starke, süchtig machende Medikamente einstellen (vgl. Master Han Shan (2011), S.153).

Natürlich hat jeder das Recht, sich behandeln zu lassen, um sein Leben zu leben. Doch was fängt man mit der gewonnenen Zeit an, wäre es nicht sinnvoller, sich schon früh der Vergänglichkeit allen Seins bewusst zu werden, zu lernen, wie man die Angst vor dem Tod loslässt, und uns auf den Augenblick, da wir sterben, in aller Intensität vorzubereiten.

Werden uns die, durch Schulmedizin geschenkten Jahre noch Glück bescheren? Oder verdrängen wir die Angst vor dem Tod, der noch immer auf uns wartet, wenn auch ein paar Jahre später. Reicht uns der Glaube in den Himmel zu kommen, wenn wir gar nicht wissen, ob das stimmt? Es gibt kein Ende, nur Anfänge. Jeder von uns wird eines Tages sterben, und wir können nicht wissen, ob es morgen sein wird, oder in einigen Jahren. Die Energie, die wir beim Sterben in uns haben, bestimmt wahrscheinlich unsere weitere Existenz. Wir sollten bestrebt sein, sie möglichst frei von Überlagerungen zu halten. Und sollten diejenigen, die wir zurücklassen, sich nicht freuen, dass wir eine neue Stufe unserer Existenz erreichen, und uns statt Tränen all ihre guten Gedanken mitgeben. Wir wissen dass im Universum nichts verloren gehen kann.

Wer stirbt, ändert seine Form. Der Körper zerfällt in seine Elemente. Die klare Energie, die Seele, Ihr Energiefeld, kann aber nicht zerfallen, wie uns die Gesetze des Universums zeigen. Ist es denn ethisch korrekt, das Leben künstlich hinauszuzögern? Wäre es nicht besser, den Sterbenden mit guter Energie zu begleiten.

Auch jede Krankheit ist eine Botschaft, über Ungelöstes in uns. Eine Krankheit ist keine Strafe, nur eine Folge unseres Verhaltens und immer eine Chance zum Besseren. Hinter jeder Krankheit steht daher immer eine Aufgabe, die wir noch nicht erkennen konnten.

29 Mitgefühl und Mitleid

29.1 Mitgefühl

Der Schmetterling, der im Spinnennetz zappelt. Die Spinne die sich zu einer Kugel formt und unbeweglich verharrt. Das Huhn, das mit den Flügeln schlägt, um dem Maul des Fuchses zu entwischen. Der Mensch, der in Deckung geht, weil ein anderer sein Feind ist. Wir alle haben eines gemein: Wir wollen leben.

Menschen, Tiere, Pflanzen überleben unter Bedingungen, die in manchem die Frage wachrufen, ob solch ein Zustand denn überhaupt lebenswert ist. Doch sie leben weiter, und sei es nur für einen Tag mehr, eine Stunde, einen Augenblick. Wer selbst Schmerzen hat, kann mitfühlen, wie es einen Kranken geht. Wer sich freut, kann mitfühlen, wenn jemand glücklich ist. Was immer uns widerfährt und Gefühle in uns erzeugt, kann dazu dienen, uns in andere hineinzuversetzen, sie besser zu verstehen und ihnen Mitgefühl entgegenzubringen. Wir alle hatten schon Durst. Wir können zumindest im Geringsten nachvollziehen, wie es Menschen in der Dürre geht, auch wenn diese sich kaum vorstellen können, wie es Menschen geht, die immer Wasser im Übermaß zur Verfügung haben.

29.2 Mitleid

Ein Freund, dem es schlecht geht, tut uns leid. Wir denken an ihn, fühlen uns schlecht und leiden mit ihm. Dieses Gefühl der Hilflosigkeit kann uns lähmen oder aggressiv machen. Wir wollen unbedingt helfen und können es doch nicht. Wenn man beim Mitleid im Leid stecken bleibt, verstärkt sich das negative Gefühl nur noch.

Anders als der Mit-Leidende begibt sich der Mit-Fühlende nicht auf die Ebene des Leids und verharrt dort. Er erkennt den Zustand des anderen, denn er ist mit ihm verbunden. Und über diese Verbundenheit kann er sein Mitgefühl aussenden, gute Energie die heilt und harmonisiert.

Wer die universelle, göttliche Liebe in sich spürt, verfügt über die stärkste Kraft dieser Welt.

Wir können Mitgefühl in uns erzeugen, wenn wir dessen bewusst sind, dass wir alle gemäß unserem Energiefeld, unserer automatischen Programme unseres Unterbewusstseins, agieren und reagieren.

Oft sind unsere Handlungen nicht bewusst, entsprechen einfach dem Muster unserer Energie.

Glaube nicht an irgendetwas einfach nur,
weil du es gehört hast.
Glaube nicht an irgendetwas einfach nur,
weil viele darüber sprechen.
Glaube nicht an irgendetwas einfach nur,
weil du es in einem religiösen Buch geschrieben fandst.
Glaube nicht an irgendetwas
nur wegen der Autorität deiner Lehrer und der Alten.
Glaube nicht an Traditionen,
weil sie über viele Generationen überliefert worden sind.
Wenn du aber beobachtet und analysiert hast,
wenn du zu der Auffassung gelangt bist,
dass etwas vernünftig ist und zum Guten hinführt
und dem einzelnen und der Allgemeinheit nützt,
dann akzeptiere es und lebe dementsprechend."
Buddha

30 Übung Thymo Training – Kraftquelle im Alltag

Was ist Thymo Training?

Fangen wir an bei der Thymusdrüse. Die Thymusdrüse ist ein sehr wichtiges Organ für das Immunsystem. Sie liegt hinter dem Brustbein in der Mitte des Brustkorbes. Die Thymusdrüse wird durch Stress geschwächt. Hinzu kommt, dass sie sich bereits bei Jugendlichen zurückbildet. Deswegen glaubte man früher, diese Drüse wäre nur für Kinder wichtig; bei Erwachsenen fand man nur noch verkümmerte Reste dieser Drüse! Heute ist man sich allerdings sicher, dass diese zur Stärkung und Aktivierung der Abwehrkräfte beiträgt. Und wir wissen, dass die Thymusdrüse gestärkt werden und deren Rückbau vermieden werden kann. Eine aktivierte Thymusdrüse trägt zur Entspannung und Lebensfreude bei. Wird die Drüse aktiviert, stärkt diese die Abwehrkräfte. Gelassenheit, Optimismus und Lebensfreude sind Ihr ständiger Begleiter. Falls Sie Kaffee nur brauchen, um wacher zu sein, werden Sie bei regelmäßiger Anwendung dieser Übung keinen Kaffee mehr brauchen.

So aktivieren Sie den Jungbrunnen Ihres Herzens und die **Kraftquelle im Alltag:** Lächeln Sie und erzeugen Sie in sich ein Gefühl der Dankbarkeit.

Dann klopfen Sie mit der Faust oder mit zwei Fingern auf die Mitte Ihres Brustbeines. Ob Sie leicht oder fest klopfen wie ein Gorilla spielt keine Rolle. Alles ist erlaubt. Vielleicht war King Kong deswegen so stark? Dieser klopfte sich auch ständig auf die Brust.

Wichtig ist nur, dass Sie die Übung mindestens 1mal am Tag mindestens eine Minute lang durchführen.

(vgl. Alliance Healthcare Deutschland AG (o.J.) - Online-Ressource)

Stell dir vor, dass deine Intention all jenen, die in Trauer sind, Freude und Lachen zu verbringen mag.

Dass deine Intention all jene zu heilen vermag, die krank sind. Sankalpa

Stell dir vor dass du keinerlei physische Form besitzt dass du ein Energiefeld bist, das jederzeit überall ist.

Dass du für alle Zeiten jegliche Wut und sämtliche Groll Gefühle hinter dir gelassen. Hasat

Dass du frei bist von Schuldzuweisungen, von Vorwürfen und von anderen Gefühlen der Schuld.

Dass du dich niemals in irgendwelche Melodramen oder irgendeine Hysterie hineinziehen lässt,

Dass du frei von jeglicher Sucht bist,

Innerlich gefestigt bist wie ein Berg,

Beweglich bist wie der Wind. Moksha

31 Die Chakren – das Zentrum Ihrer Energie

In unserem Körper gibt es die verschiedenen Energiezentren für unser körperliches und seelisches Wohlbefinden.

Jeder Mensch hat ein Energiesystem. Ein Teil dieses Energiesystems sind die Chakren.

Sieben der Chakren, werden als Hauptenergiezentren des Menschen angesehen und sind für die Lebensenergie in unserem Körper zuständig. Je mehr Energie in uns fließt, umso frischer und lebendiger fühlen wir uns. Dieser Lebensfluss, die Chakren, können jedoch durch traumatische Ereignisse oder andere Situationen in unserem Leben blockiert werden.

Wenn die Chakren geöffnet werden, erleben wir unser wahres Wesen, werden wir uns des wahren Seins bewusst. Bis dahin wiederholen die verschiedenen Chakren ständig ihre gespeicherten Schwingungen und verursachen ein Schicksal, das wir manchmal gar nicht wollen.

32 Chakren sanft öffnen

Eine sanfte Methode die Chakren zu öffnen, ist das Training des Pubococcygeus-muskels: Ich nenne es BEMUPO Training

(Training des BEcken MUskels beim PO)

So finden Sie den Muskel…

Setzen oder legen Sie sich aufrecht hin, atmen Sie langsam ein, den Muskel fünf Sekunden anspannen, indem Sie bewusst und ausschließlich den After (Männer) bzw. Scheide und After (Frauen) fest nach innen ziehen. Andere Muskelpartien lassen Sie dabei völlig entspannt. Dann ausatmen und Anspannung lösen.

Anfangs täglich 30 Mal am Tag wiederholen. Sobald das mühelos ist, einfach nur anspannen und solange es möglich ist halten, bis Sie das ganze mühelos 20 Minuten halten können.

Schon nach wenigen Tagen Training, oft schon beim ersten Mal spüren Sie, wie ein Energiestrom zu fließen beginnt. Sie spüren das als Wärme, Kühle oder Kribbeln. Während der Energiestrom aufsteigt, beseitigt er Energieblockaden in Ihnen. Dadurch wird ein natürlicher Entwicklungsprozess bei Ihnen in Gang gesetzt, der in kurzer Zeit zu fantastischen Ergebnissen führt.

Während des Muskel Trainings versetzen Sie sich geistig in ein gutes Gefühl. Lassen Sie sich überraschen, was geschieht, wenn Ihr wahres Genie in Ihnen erwacht.

Dieses Training wird nicht nur Ihren Energiepegel erhöhen, sondern es hilft auch bei Erschöpfungszustände, bei Hormonstörungen, Erkennen der wahren Berufung im Leben, Empfängnisproblemen, Harnverlust, Wechselbeschwerden und Erektionsproblemen. (vgl. Tepperwein, K. (2009), S.155).

33 Wissenschaftliche Hintergründe über Meditation

- Der amerikanische Herz Spezialist Dean Ornish fand bei einer Untersuchung an 10 000 verheirateten Männern an der Case Western Universität in Cleveland heraus, dass geliebte Männer wesentlich bessere Genesungschancen zeigten. Man stellte diesen Männern die Frage: „Zeigt Ihre Frau Ihnen ihre Liebe"? Jene, die die Frage mit „Ja" beantworteten, litten wesentlich weniger unter Angina pectoris , auch wenn die Zahl der Risikofaktoren bei ihnen hoch ausfiel. Bei Männern mit gleichen Risikofaktoren, denen eine liebende Frau fehlte, war die Anzahl der Erkrankungen doppelt so hoch. (FID Verlag GmbH - Fachverlag für Gesundheitswissen (o.J.) - Online-Ressource)
- Meditation verändert die Verarbeitung von Gefühlen. Bewusstes Wahrnehmen kann Ängste lindern.
- Eine Kombitherapie aus Achtsamkeitsmeditation und Gruppenpsychologie kann sogar Depressive vor Rückfällen bewahren.
- Meditierende spüren weniger Schmerz als Nichtmeditierende. Dabei ist ihre Insula, eine Cortex Region, die unter anderem Schmerz verarbeitet, stärker durchblutet.
- Die spektakulärste Erkenntnis aus jüngerer Zeit: Meditation hält die Hirnalterung auf. Graue und weiße Substanz bleiben auf jugendlichen Niveau erhalten. (Neurowissenschaftliche Gesellschaft e.V., (2014) - Online Ressource)

- Wolfgang Maly aktiviert mit seiner Meditation die Selbstheilungskräfte schwer kranker Patienten und konnte bis heute hunderte Menschen heilen. (Maly, W. (2015) - Online-Ressource)
- Rudolf Breuss konnte mit seiner Breuss-Massage vielen Menschen helfen. Interessant ist, dass er bei seiner Wirbelsäulen-Begradigung ein Gebet sprach, und die Hände auflegte.

Eines Tages schaute unser Meister Jamyang Khyentse sich «Lama-Tänze» vor dem Tempel des Königspalastes in Gangtok, der Hauptstadt Sikkims, an und amüsierte sich gerade über die Späße des Atsara, eines Clowns, der zwischen den Tänzen für Erheiterung sorgt. Doch Apa Pant gab keine Ruhe und fragte wieder und wieder, wie er meditieren solle. Schließlich antwortete mein Meister, in einem Ton, der Apa Pant spüren ließ, dass er es ihm nun ein für alle Mal klarmachen werde: «Schau, es ist so: Wenn ein vergangener Gedanke aufgehört hat und ein zukünftiger Gedanke noch nicht entstanden ist, gibt es da nicht eine Lücke?» «Ja», sagte Apa Pant. «Nun gut, verlängere sie! Das ist Meditation.»
Sogyal Rinpoche

34 Vorbereitung auf die Meditation

Wenn Sie den geistigen Weg gehen wollen, dann müssen Sie wissen, dass dies nicht einfach ein anderer Weg ist, den Sie sich aussuchen können, oder eine andere Art zu leben ist. Der geistige Weg ist der einzige Weg überhaupt, den jeder einmal gehen muss - früher oder später. Es ist der Weg zu sich selbst, der Weg der nach Hause führt. Je mehr Sie meditieren und beten, umso mehr wird sich Ihr Herz mit guter Energie und Liebe füllen.

Unser Verstand webt seine Gedankenketten um einmal erlebtes, und dazu mischt er Instinkte, und Gefühle, die tief aus dem Innern stammen.

Je mehr Sie zum Beobachter werden, desto klarer erkennen Sie, dass Ihr Verstand nichts anderes ist, als ein Werkzeug, das Sie zwar gebrauchen, aber nie optimal beherrscht haben. Unser Verstand ist unser Prozessor, aber nicht unser wahres Selbst. Jede Meditation und jedes Gebet - auch beten ist meditieren- verlangen die Einhaltung bestimmter Formen. Wer meditieren möchte, muss sich zuvor sammeln, eine innere Sammlung begünstigende Körperhaltung einnehmen und seine Atmung kontrollieren. Entwickeln Sie für Ihre Trainingssitzungen ein Ritual.

Ich möchte Ihnen nachstehend ein paar Meditationsvoraussetzungen erläutern, die sich erfahrungsgemäß bestens in der Praxis bewährt haben und sich sehr gut durchführen lassen.

Praktizieren Sie Meditation möglichst täglich zur gleichen Zeit. Dies hat den Vorteil, dass Ihr Unterbewusstsein sich an den Rhythmus gewöhnt und schon nach kurzer Zeit aktiver und bereitwilliger mitarbeitet.

Wählen Sie für Ihre täglichen Übungen jedoch einen Zeitpunkt, den Sie auch tatsächlich einhalten können. Sorgen Sie dafür, dass Sie während Ihrer Trainingszeit nicht gestört werden.

So bereiten Sie sich optimal auf eine Meditation vor: Vermeiden Sie einen verkrampften Körper. Denn einer verkrampfter Körper bedeutet nichts anderes als ein verkrampfter Geist.

Ein voller Bauch trainiert und meditiert nicht gern, deshalb lassen Sie sich am besten zwischen einer Hauptmahlzeit und dem Beginn einer Meditation zwei bis drei Stunden Zeit. Wenn Sie sich vor dem meditieren hungrig fühlen, können Sie z.B. ein Stück Obst essen. Auch Wasser trinken ist sehr willkommen. Natürlich nur so viel, dass Sie während Ihrer Meditation nicht auf die Toilette müssen.

35 Befreiung von negativen Energien

Drehen Sie den Wasserhahn auf. Lenken Sie Ihre gesamte Aufmerksamkeit auf den Fluss des kalten Wassers. Lassen Sie das Wasser auf der Innenseite des Armes oberhalb Ihres Ellenbogens hinunter laufen.

Seien Sie mit Ihren ganzen Gedanken auf diese Handlung ausgerichtet, als handle es sich hierbei um eine heilige Handlung. Lassen Sie alle negativen Energien aus Ihrem Unterarm in das fließende Wasser hinunter fließen. Machen Sie ungefähr eine halbe Minute weiter. Wiederholen Sie dieselbe Übung mit der Außenseite Ihres Unterarmes. Je mehr Sie sich in das Wasser einfühlen, desto mehr negative Energien werden Sie loswerden.

Machen Sie die Übung auch mit Ihrem anderen Arm. Machen Sie diese Übung

- jedes Mal, wenn Sie nach Hause kommen.
- immer wenn Sie im Laufe des Tages das Gefühl haben, „schmutzige" Energie zu spüren.
- nach Abschluss Ihrer Arbeit am Computer oder mit irgendwelchen anderen elektrischen Geräten.
- vor dem schlafen gehen.
- immer VOR dem meditieren, nicht danach. Auch duschen, oder baden, sollten Sie immer vorm meditieren, nicht nachher.

Grund hierbei ist es, das die wertvolle Energie, die Sie beim Meditieren aufgenommen haben, nicht verloren geht.

Ein gutes Hilfsmittel dazu ist Musik. Bestimmt haben Sie, vielleicht ohne dass es Ihnen überhaupt bewusst war, dieses wundervolle Entspannungsmittel schon öfters genutzt. Erinnern Sie sich an Ihr letztes Konzert, das Sie besucht haben?

Wurden Sie nicht von selbst ruhig. Haben die Musiktöne Sie nicht einfach weggetragen. Fort von Hektik, den problemgeladenen Gedanken, dem Stress? Waren Sie nicht nach einem schönen Konzert gut gelaunt, vielleicht sogar beschwingt?

Wählen Sie ruhige, harmonische Musik.

PRAXISTIPP:

Musik lässt uns Sorgen vergessen.

Ziehen Sie sich zurück an einem Ort, an dem Sie nicht gestört werden. Probieren Sie eventuell einmal eine Meditation unter einem kräftigen Baum oder lehnen Sie sich an. Alles ist schwingende, fließende Energie. Ein gesunder kräftiger Baum, der den stärksten Stürmen trotzt, überträgt seine überschäumende Vitalkraft und positive Energie auf Sie. Machen Sie es sich bequem.

Nichts sollte Sie einengen. Tragen Sie locker sitzende, helle Kleidung und lösen Sie Ihren Gürtel.

Vor der Meditation das Gesicht und Hände waschen, sich zur Einstimmung in Demut vor der göttlichen Kraft mehrmals verbeugen oder niederknien.

Kleidung: Tragen Sie möglichst helle oder weiße Kleidung. Ziehen Sie Ihre Schuhe, und Ihre Armbanduhr aus.

Vor jeder Sitzung ein Kreuzzeichen machen oder/und ein „Vater unser" beten. Vor dem Kreuzzeichen sagen Sie noch den Segensspruch: „Durch dieses Kreuzeszeichen, möge alles Böse weichen" – „Im Namen des Vaters, und des Sohnes, und des Heiligen Geistes. Amen"

Sie dürfen gern Entspannungsmusik einlegen oder Kerzen anzünden. Üben Sie nicht mit vollem Bauch, aber auch nicht mit einem „Hungerbauch. Nehmen Sie vor einer Sitzung am besten nur eine kleine Mahlzeit ein.

Am wirksamsten ist das Training, wenn Sie es regelmäßig am Abend vor dem Einschlafen praktizieren, weil Ihre Gedanken im Schlaf „nachschwingen „ können.

Sitzhaltung: Grundsätzlich bleibt es Ihnen überlassen, in welcher Körperhaltung Sie die Übungen machen. Eines ist aber wichtig: Während der Meditation sollte die Wirbelsäule so gerade wie möglich sein, damit der Fluss der feinstofflichen Energien im Körper nicht unterbrochen wird. Fersensitz, Pharaonensitz, gerade auf einen Stuhl oder im Liegen, ganz wie Sie möchten.

Muss ich die Augen schließen beim Meditieren? Führen Sie die von Ihnen bevorzugten Übungen grundsätzlich so aus, wie es Ihnen angenehm ist. In der Literatur wird dies nur deshalb empfohlen, damit die Aufmerksamkeit des Übenden nicht von den Geschehnissen der Außenwelt abgelenkt wird.

Stopp! Haben Sie die oben genannten Regeln erfüllt? Wenn ja dann

Treten Sie ein in das Tor zu Ihrer Seele… Sinn einer Meditation ist es ja, das Denken eine Zeit lang abzustellen, um einen Blick in die eigene Seele zu werfen. Den meisten Menschen fällt es schwer, der Gedankenflut in Ihrem Kopf, Herr zu werden. Anfänger sind darüber sehr frustriert, doch Frustration ist nichts anderes als ein weiterer Gedanke, eine weitere Emotion, die sich in den Weg stellt. Ziel ist es, ruhig und gelassen zu sein und alle Gedanken zu vergessen.

36 Richtige Atmung

Beginnen wir die Meditation über die Atmung. Atem ist Lebensenergie. Bevor ich Ihnen die meditative Atmung näher bringe, machen wir eine schnell Atem-Übung. Diese hat auf den Körper dieselbe Wirkung, wie eine intensive Sporteinheit.

Sie fühlen sich schon nach Sekunden ganz ähnlich wie nach 30 Minuten intensiven Sport-Trainings.

Atmen Sie schnell und tief in Ihrem Bauch ein und wieder aus. Saugen Sie dabei die Luft kraftvoll durch den Mund ein und stoßen Sie sie ebenso kraftvoll wieder aus. Setzen Sie Ihren Bauch ein, sodass sich Ihre Bauchdecke hebt, wenn Sie einatmen. Falls Ihnen dabei schwindelig wird, atmen Sie so weiter, aber etwas weniger kraftvoll. Während dieser Atem Übung sollten Sie an etwas Positives denken, und ein positives Glücksgefühl in Ihnen erzeugen. (vgl. Loyd A. / Johnson, B. (2012), S.315) Machen Sie die Übung ca. 30 Sekunden.

Nun kommen wir zum eigentlichem Atem, dem **meditativen Atem:** Wenn Sie ruhig sind, sich wohl fühlen, dann atmen Sie ganz von selbst ruhig und verbrauchen nicht mehr Energie als nötig.

Sind Sie verärgert, sogar aggressiv oder ängstlich, dann atmen Sie ganz anders: Nämlich schnell und kurz. Ein aufgeregter Mensch ist kurzatmig.

Anstreben sollten Sie zu jederzeit sieben Atemzüge pro Minute, damit wären Sie bereits namlich in Alpha, dem größtmöglichen Zustand der Entspannung im Tagesbewusstsein. (Enkelmann, N.(2004), S.33)

Streben Sie eine **Bauchatmung** an: Der moderne Mensch, selbst wenn er nicht aufgeregt ist, atmet flach und kläglich. Anstatt wenigstens einen Liter Sauerstoff pro Atemzug aufzunehmen, wie es bei der richtigen Bauchatmung geschieht, atmet er flach und nimmt deshalb lediglich einen halben Liter auf. Menschen die Ganzkörperatmung praktizieren, können bis zu vier Liter aufnehmen.

Sechs bis sieben Atemzüge pro Minute verändern Ihr Leben. Lassen Sie sich Zeit, spüren Sie einfach nur, wie Sie atmen. Legen Sie Ihre Hände auf die Bauchdecke, und atmen Sie ruhig. Oft fängt das Herz an, schneller zu schlagen, weil Sie jetzt ein wenig aufgeregt sind. Das macht nichts. Achten Sie nicht darauf. Atmen Sie einfach weiter – ruhig und gleichmäßig.

Atmen Sie wie gewöhnlich, konzentrieren Sie jedoch vollkommen auf Ihren Atem. Spüren Sie, wie die Luft in Ihre Nase eindringt.

Stellen Sie sich beim einatmen vor, wie Sie Ruhe, Gelassenheit, Wohlbefinden, Vitalität, Heilungsenergie, Zuversicht, Mut, Kraft, und jede andere Qualität, die Sie Ihrem Atem verleihen wollen, zuführen.

Beim Ausatmen stellen Sie sich vor, wie Unruhe Ihren Körper verlässt. Man beobachtet den Strom des Atmens an den Nasenflügeln beim ein-und ausatmen.

Yogis hatten diese Meditationsform schon vor Jahrtausenden praktiziert und damit tiefe Einsichten gewonnen und außergewöhnliche Kräfte erlangt.

Fühlen Sie, wie Sie geistig und körperlich locker und frei werden. Eine Solche Atemsitzung sollte etwa 15 bis 20 Minuten dauern, damit Sie den vollen Nutzen daraus ziehen können.

37 Meditationstechniken

Das Auge des Leibes Leuchte. Wenn dein Auge lauter ist, wird dein ganzer Leib Licht sein.

Matthäus 6,22

Wichtige Regel für alle folgenden Meditationen: Keine Visualisierung, keine bildhafte Vorstellung, nur Gegenwärtigkeit!

Sie müssen nicht jede dieser Meditationstechnik hier durchführen, es genügt, wenn Sie Ihre Lieblingsmethode herausfinden und täglich anwenden.

37.1 1. Technik

Vipassana war genau die Technik mit der Buddha vor etwa 2500 Jahren sein Erwachen erlangte. Beobachten Sie weiterhin Ihren Gedanken. Wichtig ist, dass Sie sich mit dem Atem selber identifizieren.

Wahrnehmen ist kein mentaler Prozess, sondern nur ein wertfreies Beobachten dessen, was ist.

1. Lassen Sie Ihre Aufmerksamkeit durch den Körper wandern, vom Kopf beginnend hinab zu den Füßen und wieder zurück. Besondere Aufmerksamkeit schenkt man hierbei den Berührungspunkten mit sich selbst und der Umgebung. Wo liegen die Arme am Körper an? Wo berühren unsere Füße den Boden?
2. Wie ist Ihre Gefühlslage? Wie fühle ich mich? Wie ist meine Stimmung? Schmerzgefühle?
3. Notieren Sie im Geiste Ihre Gefühlsstimmung, z.B.: traurig, traurig, traurig oder falls Sie etwas hören, denken Sie im Geiste, hören, hören, hören, ohne das Geräusch mit Ihrem Verstand zu bewerten.

4. Nun konzentrieren Sie sich auf Ihre Bauchatmung. Wer seinen Atem beobachtet, weiß, dass er vor dem Ein- wie auch dem Ausatmen eine kleine Pause macht. In diesen Millisekunden wird man nicht davon getragen mit den Strömen des Atems, sondern Sie sind achtsam im Augenblick. Man nimmt die Position des neutralen Beobachters ein. Erinnern wir uns, es geht nicht darum, die Gedanken zu verdrängen, sondern Zeuge zu sein, wie sie entstehen. (vgl. Master Han Shan (2011), S.195)

37.2 2.Technik

In verschiedenen Religionen wird der Körper häufig mit einem Tempel verglichen. Öffnen Sie bei dieser Meditation Ihren Mund ganz leicht und machen Sie mit Ihrem Kehlkopf ein Geräusch, das einem Windhauch gleicht. Es wird weder gesummt noch gebrummt noch irgendein Ton gesungen. Der Atem sollte so tief und regelmäßig wie möglich sein. Sie müssen nicht zwanghaft durch den Mund atmen. Sie können entweder durch die Nase, durch den Mund oder beides miteinander.

Konzentrieren Sie sich während der Kehlkopf Atmung, auf das innere Auge. Laut der hinduistischen Tradition ist der Sitz des dritten Auges, dem Auge der Weisheit, auf der Stirn, zwischen den Augenbrauen. Sicherlich haben Sie schon Fotos von indischen Menschen gesehen, die einen roten Punkt auf der Stirn aufgemalt haben.

Dieser Laut, der entsteht ist ein Energiegeräusch. Er beruhigt den Verstand, und versetzt Sie in einen entspannten Bewusstseinszustand. Kurz einatmen und lange ausatmen. (vgl. Sagan, S. (2004), S. 21)

37.3 3.Technik

Alles was in unser Bewusstsein tritt, sollte wertfrei beobachtet werden. Egal ob es ein Gefühl, Angst, Gedanke, Befürchtung oder Freude ist, nur beobachten, ohne es zu bewerten.

Als Beobachter leben macht frei, wir erkennen, dass es der Beobachter ist, der durch Raum und Zeit geht. Jedes Mal wenn Sie sich mit etwas identifizieren, schaffen Sie Begrenzung, Abhängigkeit, Tod und Angst.

37.4 4.Technik

Schließen Sie die Augen und richten Sie Ihren Blick auf die Nasenwurzel.

Yogameister sagen, dass diese Augenstellung hilft, während der Meditation unerwünschte Gedanken fern zu halten

- Stellen Sie sich vor, wie Sie geistig aus sich heraustreten. Stellen Sie sich geistig einfach zwei Schritte neben sich und beobachten Sie Ihr Bewusstsein von außen.
- Stellen Sie sich vor, dass Sie von oben her in Ihren Kopf schauen und beobachten, wie Ihr Gehirn einem Räderwerk vergleichbar mit einer Uhr, funktioniert. Legen Sie nun im Ihrem Geiste den großen Schalter auf Stopp und visualisieren Sie, wie die Räder Ihres inneren Uhrwerkes immer langsamer werden, und schließlich still stehen, und die erwünschte innere Stille in Ihnen eingekehrt ist.
- Stellen Sie sich bildhaft vor, wie Sie mit einem Radiergummi alle Gedanken und Gefühle die sie als störend empfinden, einfach ausradieren.

- Stellen Sie sich vor, wie ein Zug in einen Bahnhof ein-
  fährt, Ihre störenden Gedanken auflädt und damit ab-
  reist. Sie steigen nicht ein.
- Konzentrieren Sie das Zentrum Ihrer Wahrnehmung
  über Ihren Kopf, außerhalb des Körpers. Lassen Sie
  dann Ihr Energiefeld so weit werden, dass es das ganze Universum ausfüllt. Sie sind in allem und alles ist in
  Ihnen.

37.5 5.Technik

Sprechen Sie langsam, betont und mit tiefer, leiser Stimme
das Alphabet: A-B-C-D-E…. Lieben Sie Zahlen, dann zählen Sie
von 1 soweit Sie können bzw. wollen wieder mit leiser und
tiefer Stimme 1-2-3-4…

37.6 6.Technik

Aus Asien kommt die Methode, Mantras (Silbenkombinatio-
nen) zu sprechen.

Es wird in buddhistischen Zeremonien von Mönchen ausge-
führt. Sie können ein Wort auswählen, dass Sie dann mono-
ton wiederholen. Sagen Sie also beispielsweise: Schauen-
schauen-schauen oder Mein Ich denkt- mein Ich denkt- mein
Ich denkt

Laut Om- (Urklang der Schöpfung,) oder So ham (ich und das
göttliche sind eins) sagen, besonders kraftvoll, da diese Silben
aus dem göttlichem Feld, das wir alle miteinander teilen
kommen, und mit der Kraft von abertausenden Anwendern
über die Jahrtausende aufgeladen wurden.

Wichtig ist, dass Sie jedes Wort oder jede Wortfolge vollzie-
hend sprechen bzw. denken und auch wirklich glauben.
Manchmal kommt es vor, dass sich trotzdem unerwünschte

Gedanken dazwischen mischen - in einem solchen Fall halten Sie die Energie gerichtet und machen liebevoll, geduldig, mit weitem Herzen, einfach weiter mit Ihrer Formel.

37.7 7. Technik

Eine andere Methode ist, solange in eine brennende Kerze zu blicken, bis diese ganz verbrannt ist. Schauen Sie nur in die Flamme, und konzentrieren Sie sich auf das Licht, das immer in Bewegung ist.

Falls ein fremder Gedanke aufkommt, denken oder sprechen Sie leise und mit tiefer Stimme: Schauen - schauen - schauen oder mein Ich sieht – mein Ich sieht

Verwenden Sie von Haus aus mehr Kerzen als künstliches Licht. Kerzenlicht ist nicht künstlich und daher besser zum Meditieren.

37.8 8.Technik

Den Blick fixieren und das geistige Auge öffnen. Richten Sie ihren Blick auf einen Punkt und halten Sie ihn dort. Während Sie die von Ihnen ausgewählte Stelle mit Ihrem Blick fixieren, atmen Sie ruhig weiter. Lassen sie Ihre Augen auf den Punkt und fühlen Sie, was sich verändert.

Durch das Festhalten des Blicks kann eine Umlenkung der Energie eingeleitet werden. Die Energie fließt nicht mehr durch Ihre beiden Augen, denn dort wird sie ja momentan nicht benötigt.

Vielmehr kann nun die freigewordene Energie einen anderen Weg finden und das dritte Auge, das Auge des Geistes, öffnen. Wie schon oben beschrieben liegt das dritte Auge in der Mitte der Stirn zwischen den beiden physischen Augen. Verschließen Sie einem Teich den Ablauf, dann findet das Wasser eine andere Öffnung.

Wasser sowie Energie nehmen den Weg des geringsten Widerstandes. Richten Sie die Wahrnehmung auf einen Punkt, ohne die Wahrnehmung auf ein Tun, Ziel oder Zweck zu verbinden. Versuchen Sie den Gegenstand auch zu fühlen, anstatt ihn anzuschauen.

37.9 9.Technik

Schließen Sie die Augen, öffnen Sie die Tür nach innen und treten Sie ein in Ihre lichte Innenwelt. Suchen Sie sich dort einen schönen Platz und machen es sich bequem. Spüren Sie wie eine Last von ihnen abfällt, wie Sie sich von allem lösen, was nicht in diesem Augenblick gehört, wie Sie ganz im Hier und Jetzt ankommen. Machen Sie sich einmal bewusst, wie gut es Ihnen in diesem Augenblick geht. Sie spüren Ihren Körper gar nicht, es ist, als ob Sie gar keinen Körper mehr hätten. In diesem Augenblick ist es auch gleichgültig, ob Sie jung oder alt, gesund oder krank sind. In diesem Augenblick sind Sie ewig. Sie sind reines, vollkommenes, göttliches Sein, Sie sind am Ziel. Sie haben alles erreicht, was man in diesem Leben erreichen kann. Sie sind Sie selbst. Sie sind reines Sein, Sie sind am Ziel, ewige Gegenwart ohne Vergangenheit und ohne Zukunft. Die einzige Wirklichkeit heißt: Ich bin.

Der Körper bleibt bewegungslos. Wo ist meine Mitte? Wo fange ich an? Wo ende ich? Bin ich das wirklich was ich glaube zu sein? Was immer ich benennen kann, das bin ich nicht?

Das **Rezept für ein erfülltes Schicksal** lautet: Fünfzehn bis zwanzig Minuten Meditation täglich.

Die übrige Zeit des Tages brauchen Sie nichts Besonderes zu tun. Leben Sie Ihr Leben wie sonst auch.

38 Wundersame Leo Meditation

Die Leo Meditation umfasst die wirkungsvollsten Strategien, um zu wahrem, innerem Glück, inneren Frieden zu kommen und die Selbstheilungskräfte zu stärken bzw. zu aktivieren.

Sie setzt sich zusammen aus Gebet, mentalen Techniken und körperlichen Übungen.

WICHTIG: Bleiben Sie während der gesamten Meditation im Gefühl der Dankbarkeit!

Schritt 1 – Vater unser

Zur Einleitung beten Sie langsam und voller Achtsamkeit ein christliches Vater unser, mit allen Sinnen (fühlen, riechen, spüren, hören, sehen):

Vater unser im Himmel, geheiligt werde dein Name, dein Reich komme, dein Wille geschehe, wie im Himmel so auch auf Erden.

Unser tägliches Brot gib uns heute, (z.B.: das Brot fühlen und riechen) und vergib uns unsere Schuld, wie auch wir vergeben unseren Schuldigern, und führe uns nicht in Versuchung, sondern erlöse uns von den Bösen, denn dein ist das Reich und die Kraft und die Herrlichkeit in Ewigkeit. Amen.

Schritt 2 – Heilgebet – wirksames Gebet

„Allmächtiger guter Gott, ich bete und bitte darum, dass all meine bekannten und unbewussten negativen Bilder, unvorteilhaften Glaubenssätze, destruktive Zellerinnerungen, destruktive energetische Schwingungen, dass all meine seelischen   Belastungen,   Ängste,   Sorgen,   Nöte und_____ (weiteres seelisches Problem oder Mangel wenn vorhanden), und meine körperlichen Beeinträchtigungen, in Form von _____, (meine körperlichen Krankheiten, Probleme oder Leiden).

Dass dies alles gefunden und geheilt werde, indem mich das Licht und die Liebe Gottes erfüllen.

Geben Sie dabei Ihre Hände auseinander und visualisieren Sie bei geschlossenen Augen einen warmen Lichtstrahl, der von Ihren Händen aus in den Himmel zur Sonne verläuft. Mindestens eine Minute den Lichtstrahl visualisieren.(Siehe dazu Bild 1)

Bild 1: Visualisierung des Lichtstrahles

Anschließend stellen Sie sich vor, wie Sie von einem hellen Schutzkreis umgeben sind, wo nichts Negatives eindringen kann.

Visualisieren Sie den Schutzkreis auch über z.B.: Ihr Auto, Ihr Haus, Bankkonto, Aktiendepot, Kinder, Ehefrau, Ehemann, kranken Mitmenschen, Arbeitsplatz …, über alles, was Ihnen lieb ist. (auch mindestens eine Minute.)

Schritt 3- Chakra Meditation

Chakren sind die Energiezentren im Körper. Hierbei lenken wir die Aufmerksamkeit auf unseren Körper, aktivieren die Chakren und üben Achtsamkeit.

Bündeln Sie die Finger Ihrer Hände und halten diese mindestens 30 Sekunden in einem Abstand von ca. 5-10 Zentimetern in der Reihenfolge Chakra 6 bis 3

6. Chakra – Stirn Chakra : Nach mindestens 30 Sekunden gebündelten Fingern bei der Stirn legen Sie beide Hände auf die Stirn und machen somit eine Handauflegung für mindestens 30 Sekunden. (Siehe dazu Bild 2)

Bild 2: Handauflegung für das Stirn-Chakra

5.Chakra – Kehlkopf Chakra: Nach mindestens 30 Sekunden gebündelten Fingern beim Kehlkopf legen Sie beide Hände auf den Hals und machen Sie eine Handauflegung für mindestens 30 Sekunden.

4.Chakra – Herz Chakra: Nach mindestens 30 Sekunden gebündelten Fingern in der Herz Region, legen Sie beide

Hände auf Ihr Herz und machen Sie eine Handauflegung für mindestens 30 Sekunden.

3.Chakra – Solarplexus Chakra - Bauchnabel: Nach mindestens 30 Sekunden gebündelten Fingern beim Bauchnabel legen Sie beide Hände auf den Bauchnabel und machen Sie eine Handauflegung von für mindestens 30 Sekunden (vgl. Loyd, A. / Johnson, B. (2012), S.253).

Zum Abschluss machen Sie eine mentale Wanderung durch Ihren Körper. Beginnen Sie bei Ihren Zehen und spüren Sie alle Glieder in Ihrem Körper im Geiste- physisch durch.

Anschließend beobachten Sie noch Ihren Atem und machen Sie sich bewusst: **„Dieser Atemzug ist mein ganzes Leben".**

Zusammenfassung der Leo Meditation:

1. Langsam mit allen Sinnen das Vater unser beten.
2. Heilgebet, um alle körperlichen und seelischen Belastungen loszulassen.
3. Mentale Heilübungen (Schutzkreis und warmer Lichtstrahl).
4. Chakren aktivieren, dabei BEMUPO Training machen).
5. Körperwanderung mit allen Sinnen-

39 Nachwort

Dieses Buch ist das Ergebnis und die Essenz aus über 20 Jahren praktischer Forschungsarbeit, um ein ganzheitlich erfülltes Leben, egal in welchem Lebensabschnitt man sich im Moment befindet, zu führen. Es ist kein Buch mit grauer Theorie, sondern ein PRAXISBUCH.

Daher ist es wichtig, die in diesem Buch beschriebenen Praxistipps auch umzusetzen.

Am besten gewöhnen Sie sich an, täglich ein paar Seiten in diesem Buch zu lesen und im Anschluss immer gleich die Übungen zu machen. Teilen Sie mir bitte auch Ihre Erfahrungen mit diesem Buch mit.

„Kommt sagt es allen weiter, ruft es in alle Welt hinaus" lautet ein wunderschönes christliches Lied. Unter diesem Motto wäre ich Ihnen sehr dankbar wenn Sie anderen Mitmenschen von der Begegnung mit diesem Buch erzählen, und es weiterempfehlen würden.

Meine Vision ist es, die Welt, glücklicher, erfüllter und liebevoller zu gestalten.

Mein Segen begleite Sie,

Ihr

Martin Leopoldseder

40 Über den Autor

Martin Leopoldseder, beschäftigt sich neben seiner Tätigkeit als Zauberkünstler und Sozial-Kabarettist, schon seit über 20 Jahren mit der Erforschung von wahrem Glück und innerem Wohlbefinden, nach den wahren Ursachen von Krankheit und Leid, um Möglichkeiten und Lösungen zu finden, um ein ganzheitlich erfolgreiches, und von Herzen erfülltes, selbstbestimmtes Leben zu führen.

Wenn Sie mit dem Autor Kontakt aufnehmen wollen, erreichen Sie ihn unter:

E-Mail: magicleo@gmx.at

Homepage:

www.magicleo.at und

www.Leo-Oma.at

41 Literaturverzeichnis

Ackermann, A. (2000): Easy zum Ziel, München: Erd Verlag 2000

Chopra D. (2004): Das Tor zum vollkommenen Glück, München: Knaur Verlag 2004

Egli, R. (2001): Das LOLA Prinzip, Oetwil a.d.L.: Editions d'Olt

Enkelmann N.(2004): Mentaltraining, der Weg zur Freiheit, Offenbach: Gabal Verlag

Loyd A. / Johnson, B. (2012): Der Healing Code, Reinbek bei Hamburg: Rowohlt Taschenbuch Verlag

Master Han Shan (2011): Das Geheimnis des Loslassens, Köln: Bastei Lübbe

Robbins, A (1999): Das Robbins Power Prinzip, München: Heyne Business

Sagan S. (2004): Tor zu inneren Welten, Darmstadt: Schirner Verlag

Tepperwein, K. (2009): Kausal Training, München: Arkana Verlag

Wessbecher H, (2008): Das dritte Auge öffnen, München: Integral Verlag

42 Quellenverzeichnis

Alliance Healthcare Deutschland AG (o.J): Was ist die Thymusdrüse, aufgerufen am 27. Dezember 2016, verfügbar unter: http://www.gesundheit.de/wissen/haetten-sie-es-gewusst/medizinische-begriffe/was-ist-die-thymusdruese

Der Standard (2011): Erwachsene lachen nur sechs Minuten am Tag , aufgerufen am 27. Dezember 2016, verfübar unter: http://derstandard.at/1317019766755/Humor-Tagung-Erwachsene-lachen-nur-sechs-Minuten-am-Tag

FID Verlag GmbH - Fachverlag für Gesundheitswissen (o.J): Mit Liebe - Einfluss der Umgebung auf Ihr Herz: aufgerufen, am 10. April 2015, verfügbar unter: http://www.fid-gesundheitswissen.de/innere-medizin/herz/heilen.mit-liebe-einfluss-der-umgebung-auf-ihr-herz/

Gesundheitsportal Onmeda: (2015): Entspannungsübungen – so lockern Sie Kiefer, Nacken und Schultern (Teil 2): Kiefermuskulatur massieren, aufgerufen am 27. Dezember 2016, verfügbar unter: http://www.onmeda.de/psyche/entspannung_kiefer_nacken_schultern_2-uebung-4--akupressur-fuer-die-kiefermuskeln-17250-5.html,

Kusunoki (2000-2002): Das Schachspiel, aufgerufen am 27. Dezember 2016, verfugbar unter: (http://www.kusunoki.de/geschichten/geschichte023.htm

Maly, M (2015): Maly Meditation, aufgerufen am 10. April 2015, verfügbar unter: https://www.youtube.com/watch?v=SnbJol5Fw4c,

Neurowissenschaftliche Gesellschaft e.V 2014): Wahrnehmen und annehmen – wie Meditieren heilt, aufgerufen am 10. April 2015, verfügbar unter: https://www.dasgehirn.info/handeln/meditation/wahrneh men-und-annehmen-wie-meditieren-heilt-8686 abgerufen

Pro-Leben (o.J.): Der Narr, aufgerufen am 27. Dezember 2016, verfügbar unter: http://www.pro-leben.de/symb/dergroesstenarr.php

Rahmanian, S. (o.J) : Es kamen einmal Suchende zu einem alten Zenmeister...: aufgerufen am 27. Dezember 2016, verfügbar unter: *http://www.geistigenahrung.org/ftopic70532.html*